EL LIBRO DE COCINA DE POSTRES ITALIANOS DEFINITIVO

Deléitese con la última colección de 100 recetas de postres italianos

Xavier Martin

Copyright Material © 2023

Reservados todos los derechos

Ninguna parte de este libro se puede usar o transmitir de ninguna forma o por ningún medio sin el debido consentimiento por escrito del editor y del propietario de los derechos de autor, a excepción de las breves citas utilizadas en una reseña. Este libro no debe considerarse un sustituto del asesoramiento médico, legal o profesional.

TABLA DE CONTENIDO

TABLA DE CONTENIDO 3
INTRODUCCIÓN 7
   1. Panna Cotta de chocolate 8
   2. Panna Cotta 10
   3. Galette de queso con salami 12
   4. Tiramisú 15
   5. Pastel cremoso de ricota 17
   6. Tarta italiana de alcachofas 19
   7. Galletas de anís 21
   8. Flan de caramelo 23
   9. Pastel de taza de galleta de azúcar 25
   10. Babka con salsa Baileys 27
   11. Fondue de caramelo Baileys 30
   12. Pastel italiano picante de ciruelas y ciruelas pasas 32
   13. Crema Catalana 35
   14. Sorbete de almendras 37
   15. Tiramisú de queso mascarpone 39
   16. Tiramisú vegano 41
   17. Panna Cotta con infusión de guisantes de mariposa .. 43
   18. Panna cotta de coco y vainilla con salsa de bayas de hibisco ... 45
   19. Panna cotta con sirope de arándanos y lilas 48
   20. Miel Manzanilla Panna Cotta 53
   21. Panna cotta de yogur de rosas 55
   22. Gulab Panna Cotta 57
   23. panna-cotta de jengibre y rosas 59
   24. Mini bagatelas de tiramisú 61

25. Helado de tiramisú ... 64
26. Tartas De Tiramisú ... 67
27. Tazas de pudín de tiramisú con chocolate blanco ... 70
28. tiramisú de limón ... 72
29. Pastel de calabaza y tiramisú con especias ... 75
30. Pasteles de tiramisú Whoopie ... 78
31. Cannoli De Amaretto ... 81
32. Cannoli a la siciliana ... 84
33. Pizza de crema de cannoli ... 87
34. pastel de cannoli ... 89
35. Cannoli para niños ... 91
36. Conchas de cannoli y relleno ... 93
37. Tarta de queso con tiramisú ... 95
38. mangomisú ... 98
39. Matcha tiramisú ... 101
40. Tiramisú de mousse de chocolate y caramelo ... 104
41. Potes de crema de tiramisú ... 107
42. pastelitos de tiramisú ... 110
43. Mini Vasitos De Tiramisú ... 113
44. Hojaldres de crema de tiramisú ... 115
45. Panna cotta de naranja y gelatina de naranja ... 119
46. Panna cotta de fresas con cacahuetes caramelizados ... 122
47. Panna cotta de fresa y kiwi ... 124
48. Panna cotta de suero de leche con salsa de cítricos ... 126
49. Panna cotta de ciruelas ... 128
50. Mango Panna Cotta con decoración de azúcar hilado ... 131
51. Panna cotta de coco con glaseado de piña ... 134
52. Delicia de panna cotta tricolor ... 136
53. Mango Lassi Panna Cotta ... 139

54. Leche de coco y naranja Panna Cotta 141
55. Panna cotta de granada 143
56. Panna cotta verde y blanca 145
57. Panna cotta de yogur griego con puré de dátiles 147
58. Panna cotta de caqui 150
59. Panna cotta de Natillas y Sandía 152
60. Compota de pera en gelatina con panna cotta 154
61. Panna cotta con salsa de caramelo 157
62. Panna Cotta de chocolate 160
63. flan de caramelo 162
64. Duraznos horneados a la italiana 164
65. Budín de miel 166
66. Semifrío congelado de miel 168
67. Zaballón 170
68. Ahogado 172
69. Helado de avena y canela 174
70. Helado de chocolate doble 176
71. Helado de cereza y fresa 178
72. Estratos de croissant mantecoso con prosciutto 180
73. Tarta balsámica de melocotón y queso brie 183
74. Tarta de cebolla y prosciutto 185
75. Pan de tomate con aceitunas y prosciutto 187
76. Popovers de prosciutto y naranja 189
77. Prosciutto confitado 191
78. Torta de papas con mozzarella y prosciutto 193
79. Panna cotta de guisantes verdes con prosciutto 195
80. Helado de lima con semillas de chía 198
81. Tarta helada de chocolate y cereza 200
82. Bomba de chocolate 203

83. Alaska horneada con piña 206

84. Paletas de helado bañadas en chocolate 208

85. Capuchino frappé 210

86. Higos escalfados al vino tinto especiado con helado 212

87. Tarta de helado de merengue de piña colada 214

88. Pastel de helado de merengue de fresa 216

89. Helado de Toblerone 219

90. Helado de nutella de chocolate 222

91. helado de cereza 224

92. Helado de mora 226

93. helado de frambuesa 228

94. Helado de arándanos 230

95. helado de mango 232

96. Helado de mantequilla de maní 234

97. Helado De Avellana 236

98. Helado de bayas mixtas 238

99. helado de coco 240

100. Helado De Calabaza 242

CONCLUSIÓN 244

INTRODUCCIÓN

Si eres fanático de la cocina italiana, entonces sabes que debes probar los postres italianos. Desde el clásico tiramisú hasta la cremosa panna cotta y el refrescante granizado, los postres italianos son conocidos por sus deliciosos sabores y texturas. Si está buscando expandir su repertorio de postres, el libro de cocina El libro de cocina de postres italianos definitivoes perfecto para usted.

Con más de 100 recetas, este libro de cocina es una guía completa para crear auténticos postres italianos en la comodidad de su propia cocina. Cada receta está acompañada de una hermosa foto a todo color, para que pueda ver exactamente cómo debe verse su plato terminado.

Pero este libro de cocina no es solo una colección de recetas: es un viaje a través de la rica historia y las tradiciones de la elaboración de postres italianos. Aprenderá sobre los orígenes de los postres clásicos como cannoli y zabaglione, y descubrirá nuevos giros en los viejos favoritos.

Ya sea que sea un principiante o un cocinero casero experimentado, este libro de cocina tiene algo para todos. Con instrucciones claras y consejos útiles, podrá crear postres deliciosos e impresionantes que sorprenderán a sus amigos y familiares. Entonces, ¿por qué esperar? ¡Obtenga su copia del libro de cocina El libro de cocina de postres italianos definitivohoy y comience a disfrutar de los dulces sabores de Italia!

.

1. Panna cotta de chocolate

Rinde: 5 porciones

INGREDIENTES:
- 500 ml de nata espesa
- 10 g de gelatina
- 70 g de chocolate negro
- 2 cucharadas de yogur
- 3 cucharada de azúcar
- una pizca de sal

INSTRUCCIONES:
a) En una pequeña cantidad de crema, remoje la gelatina.
b) En una cacerola pequeña, vierta la crema restante. Lleve a ebullición el azúcar y el yogur, revolviendo de vez en cuando, pero no hierva. Retire la sartén del fuego.
c) Agregue el chocolate y la gelatina hasta que se disuelvan por completo.
d) Rellenar los moldes con la masa y refrigerar durante 2-3 horas.
e) Para desmoldar la panna cotta, pásala por agua caliente unos segundos antes de sacar el postre.

2. Panna cotta

Hace: 6

INGREDIENTES:
- ⅓ taza de leche
- 1 paquete de gelatina sin sabor
- 2 ½ tazas de crema espesa
- ¼ de taza) de azúcar
- ¾ taza de fresas en rodajas
- 3 cucharadas de azúcar moreno
- 3 cucharadas de brandy

INSTRUCCIONES:
a) Revuelve la leche y la gelatina hasta que la gelatina se disuelva por completo. Eliminar de la ecuación.
b) En una cacerola pequeña, hierva la crema espesa y el azúcar.
c) Incorpora la mezcla de gelatina a la crema espesa y bate durante 1 minuto.
d) Divide la mezcla entre 5 moldes.
e) Coloque una envoltura de plástico sobre los moldes. Después de eso, enfríe durante 6 horas.
f) En un tazón, combine las fresas, el azúcar moreno y el brandy; enfriar durante al menos 1 hora.
g) Coloque las fresas encima de la panna cotta.

3. Galette de queso con salami

Rinde: 5 porciones

INGREDIENTES:
- 130 g de mantequilla
- 300 g de harina
- 1 cucharadita de sal
- 1 huevo
- 80 ml de leche
- ½ cucharadita de vinagre
- Relleno:
- 1 tomate
- 1 pimiento dulce
- calabacín
- salami
- queso Mozzarella
- 1 cucharada de aceite de oliva
- hierbas (como tomillo, albahaca, espinaca)

INSTRUCCIONES:
a) Cubra la mantequilla.
b) En un tazón o sartén, combine el aceite, la harina y la sal y pique con un cuchillo.
c) Agregue un huevo, un poco de vinagre y un poco de leche.
d) Comience a amasar la masa. Refrigere durante media hora después de enrollarlo en una bola y envolverlo en una envoltura de plástico.
Cortar todo el relleno.ingredientes.
e) Coloque el relleno en el centro de un gran círculo de masa que se ha extendido sobre papel de hornear (excepto Mozzarella).
f) Rocíe con aceite de oliva y sazone con sal y pimienta.
g) Luego levante con cuidado los bordes de la masa, envuélvalos alrededor de las secciones superpuestas y presione ligeramente hacia adentro.
h) Precalentar el horno a 200°C y hornear por 35 minutos. Agregue la mozzarella diez minutos antes de que finalice el tiempo de horneado y continúe horneando.
i) ¡Servir inmediatamente!

4. Tiramisu

Hace: 6

INGREDIENTES:
- 4 yemas de huevo
- ¼ taza de azúcar blanca
- 1 cucharada de extracto de vainilla
- ½ taza de crema para batir
- 2 tazas de queso mascarpone
- 30 dedos de dama
- 1 ½ tazas de café preparado helado guardado en el refrigerador
- ¾ taza de licor Frangelico
- 2 cucharadas de cacao en polvo sin azúcar

INSTRUCCIONES:
a) En un recipiente para mezclar, mezcle las yemas de huevo, el azúcar y el extracto de vainilla hasta que quede cremoso.
b) Después de eso, bata la crema batida hasta que esté firme.
c) Combine el queso mascarpone y la crema batida.
d) En un tazón pequeño, mezcle ligeramente el mascarpone con las yemas de huevo y déjelo a un lado.
e) Combina el licor con el café frío.
f) Sumerge los bizcochos en la mezcla de café inmediatamente. Si los dedos de las damas se mojan o humedecen demasiado, se empaparán.
g) Coloque la mitad de los dedos de dama en el fondo de una fuente para hornear de 9x13 pulgadas.
h) Coloque la mitad de la mezcla de relleno encima.
i) Coloque los dedos de dama restantes en la parte superior.
j) Coloque una tapa sobre el plato. Después de eso, enfríe durante 1 hora.
k) Espolvorear con cacao en polvo.

5. Pastel cremoso de ricotta

Hace: 6

INGREDIENTES:
- 1 masa de pastel comprada en la tienda
- 1 ½ libras de queso ricotta
- ½ taza de queso mascarpone
- 4 huevos batidos
- ½ taza de azúcar blanca
- 1 cucharada de brandy

INSTRUCCIONES:
a) Precaliente el horno a 350 grados Fahrenheit.
Combine todos los ingredientes del relleno en un tazón para mezclar.
Luego vierta la mezcla en la corteza.
b) Precaliente el horno a 350°F y hornee por 45 minutos.
c) Refrigere el pastel durante al menos 1 hora antes de servir.

6. Tarta italiana de alcachofas

Rinde: 8 porciones

INGREDIENTES:
- 3 huevos; Vencido
- 1 paquete de 3 oz de queso crema con cebollín; Ablandado
- ¾ cucharadita de ajo en polvo
- ¼ cucharadita de pimienta
- 1½ taza de queso mozzarella, leche parcialmente descremada; triturado
- 1 taza de queso ricota
- ½ taza de mayonesa
- 1 lata de 14 oz de corazones de alcachofa; Agotado
- ½ Lata de 15 Oz de Garbanzos, Enlatados; enjuagado y escurrido
- 1 lata de 2 ¼ oz de aceitunas en rodajas; Agotado
- 1 Tarro de 2 Oz de Pimientos; cortado en cubitos y escurrido
- 2 cucharadas de perejil; cortado
- 1 masa de pastel (9 pulgadas); sin hornear
- 2 tomates pequeños; Rebanado

INSTRUCCIONES:

a) Combine los huevos, el queso crema, el ajo en polvo y la pimienta en un recipiente grande para mezclar. Combine 1 taza de queso mozzarella, queso ricotta y mayonesa en un tazón.

b) Revuelva hasta que todo esté bien mezclado.

c) Cortar 2 corazones de alcachofa por la mitad y reservar. Picar el resto de los corazones.

d) Mezcle la mezcla de queso con los corazones picados, los garbanzos, las aceitunas, los pimientos y el perejil. Rellenar la masa de hojaldre con la mezcla.

e) Hornear durante 30 minutos a 350 grados. El queso mozzarella restante y el queso parmesano se deben espolvorear encima.

f) Hornee por otros 15 minutos o hasta que cuaje.

g) Dejar reposar durante 10 minutos.

h) Por encima, coloque rodajas de tomate y corazones de alcachofa en cuartos.

i) Atender

7. Galletas de anís

Hace: 36

INGREDIENTES:
- 1 taza de azúcar
- 1 taza de mantequilla
- 3 tazas de harina
- ½ taza de leche
- 2 huevos batidos
- 1 cucharada de levadura en polvo
- 1 cucharada de extracto de almendras
- 2 cucharaditas de licor de anís
- 1 taza de azúcar glas

INSTRUCCIONES:
a) Precaliente el horno a 375 grados Fahrenheit.
b) Batir el azúcar y la mantequilla hasta que estén suaves y esponjosos.
c) Incorporar la harina, la leche, los huevos, el polvo de hornear y el extracto de almendras poco a poco.
d) Amasar la masa hasta que se vuelva pegajosa.
e) Forme bolitas con trozos de masa de 1 pulgada de largo.
f) Precaliente el horno a 350°F y engrase una bandeja para hornear. Coloque las bolas en la bandeja para hornear.
g) Precaliente el horno a 350°F y hornee las galletas por 8 minutos.
h) Combine el licor de anís, el azúcar glas y 2 cucharadas de agua caliente en un tazón.
i) Por último, sumerja las galletas en el glaseado mientras aún están calientes.

8. Flan De Caramelo

Hace: 4

INGREDIENTES:
- 1 cucharada de extracto de vainilla
- 4 huevos
- 2 latas de leche (1 evaporada y 1 condensada azucarada)
- 2 tazas de crema para batir
- 8 cucharadas de azúcar

INSTRUCCIONES:
a) Precaliente el horno a 350 grados Fahrenheit.
b) En una sartén antiadherente, derrita el azúcar a fuego medio hasta que esté dorada.
c) Vierta el azúcar licuado en una fuente para horno mientras aún está caliente.
d) En un plato para mezclar, rompa y bata los huevos. Combine la leche condensada, el extracto de vainilla, la crema y la leche azucarada en un tazón. Haz una mezcla completa.
e) Vierta la masa en el molde para hornear cubierto de azúcar derretida. Coloque la cacerola en una cacerola más grande con 1 pulgada de agua hirviendo.
f) Hornear durante 60 minutos.

**9.	Pastel de taza de galleta de azúcar**

INGREDIENTES:
- 2 cucharadas de sustituto de huevo
- 2 cucharadas de mantequilla, ablandada
- ⅓ taza de harina
- 3 cucharadas de azúcar
- 1 cucharadita de vainilla
- 3 cucharadas de Baileys
- 2 cucharadas de chispas de arcoíris
- 1 taza de azúcar en polvo
- 2-3 gotas de colorante alimentario rosa o rojo

INSTRUCCIONES:

a) En un tazón, mezcle el sustituto de huevo, la mantequilla, la harina, el azúcar, la vainilla, 2 cucharadas de Baileys y 1 cucharada de chispas de colores.

b) Coloque en una taza adicional.

c) Cocine en el microondas durante 60 segundos, limpie cualquiera de las masas que hayan burbujeado por el borde, luego regrese al microondas por 30 segundos adicionales.

d) Retire el pastel y colóquelo en el refrigerador.

e) Mientras se enfría, mezcle el azúcar en polvo, 1 cucharada de Baileys y el colorante para alimentos.

f) Rocíe sobre el pastel ligeramente tibio.

10. Babka con salsa Baileys

Rinde: 1 porciones

INGREDIENTES:
- ¼ taza de leche
- 1 paquete de levadura seca
- ¼ taza de agua tibia
- ¼ de taza) de azúcar
- ¼ taza de margarina, suavizada
- 3 huevos
- 2⅓ taza de harina, tamizada
- ¼ taza de fruta confitada, mezclada
- ¼ taza de pasas oscuras

SALSA BAILEYS:
- ⅓ taza de agua
- ½ taza de azúcar
- 2 cucharadas de Baileys

INSTRUCCIONES:
a) Caliente la leche en una cacerola pequeña hasta que esté caliente y enfríe hasta que esté tibia.
b) Espolvorea la levadura sobre el agua en un tazón grande y revuelve para disolver.
c) Agregue la leche, ¼ de taza de azúcar, la margarina blanda, los huevos y la harina.
d) Bate con la mezcla eléctrica a baja velocidad hasta que quede suave y mezclado.
e) Cubra el intestino con una toalla y deje que la mezcla suba en un lugar cálido hasta que burbujee, aproximadamente una hora.
f) Engrasa y enharina un molde para moldear. Revuelva la fruta confitada y las pasas en la masa.
g) Convertir en molde preparado. Cubra y deje que la masa suba hasta casi la parte superior de la sartén durante aproximadamente 1 hora.
h) Hornear en horno precalentado 350 unos 30 a 40 minutos o probar hecho y dorado.

SALSA BAILEYS:
i) Caliente el agua hasta que hierva y agregue el azúcar para disolver.
j) Retire del fuego y agregue Baileys.
k) Inmediatamente después de sacar el pastel del horno, pinche la parte superior con un tenedor y una cuchara sobre la salsa Baileys.
l) Deje que el pastel permanezca en el molde y enfríe sobre una rejilla durante 1 hora.
m) Retire con cuidado y sirva el pastel tibio.

11. Fondue de caramelo Baileys

Rinde: 12 porciones

INGREDIENTES:
- 7 onzas de caramelos
- ¼ taza de malvaviscos en miniatura
- ⅓ taza de crema para batir
- 2 cucharaditas de Baileys

INSTRUCCIONES:
a) Combine los caramelos y la crema en una olla de barro.
b) Tape y caliente hasta que se derrita, de 30 a 60 minutos.
c) Agregue los malvaviscos y Baileys.
d) Tape y continúe cocinando durante 30 minutos.
e) Sirva con gajos de manzana o bizcocho.

12. Bizcocho italiano picante de ciruelas y ciruelas pasas

Rinde: 12 porciones

INGREDIENTES:
- 2 tazas de italiano deshuesado y en cuartos
- Ciruelas pasas, cocidas hasta
- Suave y enfriado
- 1 taza de mantequilla sin sal, ablandada
- 1¾ taza de azúcar granulada
- 4 huevos
- 3 tazas de harina tamizada
- ¼ taza de mantequilla sin sal
- ½ libra de azúcar en polvo
- 1½ cucharada de cacao sin azúcar
- Pizca de sal
- 1 cucharadita de canela
- ½ cucharadita de clavo molido
- ½ cucharadita de nuez moscada molida
- 2 cucharaditas de bicarbonato de sodio
- ½ taza de leche
- 1 taza de nueces, finamente picadas
- 2 a 3 cucharadas fuerte, caliente
- Café
- ¾ cucharadita de vainilla

INSTRUCCIONES:
a) Precaliente el horno a 350°F. Unte con mantequilla y enharine un molde Bundt de 10 pulgadas.
b) En un recipiente grande, mezcle la mantequilla y el azúcar hasta que quede suave y esponjoso.
c) Batir los huevos uno por uno.
Combine la harina, las especias y el bicarbonato de sodio en un tamiz. En tercios, agregue la mezcla de harina a la mezcla de mantequilla, alternando con la leche. Solo bate para combinar los ingredientes.
d) Agregue las ciruelas pasas cocidas y las nueces y revuelva para combinar. Conviértalo en un molde preparado y hornee durante 1 hora en un horno a 350 °F, o hasta que el pastel comience a encogerse por los lados del molde.
e) Para hacer el glaseado, mezcle la mantequilla y el azúcar glas. Agregue gradualmente el azúcar y el cacao en polvo, revolviendo constantemente hasta que esté completamente combinado. Sazonar con sal.
f) Agregue una pequeña cantidad de café a la vez.
g) Bate hasta que quede suave y esponjoso, luego agrega la vainilla y decora el pastel.

13. Crema Catalana

Hace: 3

INGREDIENTES:
- 4 yemas de huevo
- 1 canela (palo)
- 1 limón (ralladura)
- 2 cucharadas de maicena
- 1 taza de azúcar
- 2 tazas de leche
- 3 tazas de frutas frescas (bayas o higos)

INSTRUCCIONES:
a) En una sartén, mezcle las yemas de huevo y una gran parte del azúcar. Mezcle hasta que la mezcla esté espumosa y suave.
b) Agrega la rama de canela con la ralladura de limón. Haz una mezcla completa.
c) Mezcle la maicena y la leche. A fuego lento, revuelve hasta que la mezcla espese.
d) Saca la olla del horno. Dejar enfriar durante unos minutos.
e) Coloque la mezcla en moldes y reserve.
f) Dejar reposar por lo menos 3 horas en el refrigerador.
g) Cuando esté listo para servir, rocíe el azúcar restante sobre los moldes.
h) Coloque los moldes en el estante inferior de la caldera. Deje que el azúcar se derrita hasta que adquiera un color marrón dorado.
i) Como guarnición, servir con frutas.

14. Sorbete de almendras

Rinde: 1 porciones

INGREDIENTES:
- 1 taza de almendras blanqueadas; tostado
- 2 tazas de agua de manantial
- ¾ taza de azúcar
- 1 pizca de canela
- 6 cucharadas de jarabe de maíz ligero
- 2 cucharadas de Amaretto
- 1 cucharadita de ralladura de limón

INSTRUCCIONES:

a) En un procesador de alimentos, muele las almendras hasta convertirlas en polvo. En una cacerola grande, combine el agua, el azúcar, el jarabe de maíz, el licor, la ralladura y la canela, luego agregue las nueces molidas.

b) A fuego medio, revuelve constantemente hasta que el azúcar se disuelva y la mezcla hierva. 2 minutos en ebullición

c) Ponga a un lado para que se enfríe Con una máquina para hacer helados, bata la mezcla hasta que esté semicongelada.

d) Si no tiene una máquina para hacer helados, transfiera la mezcla a un recipiente de acero inoxidable y congele hasta que esté duro, revolviendo cada 2 horas.

15. Tiramisú de queso mascarpone

Hace: 6

INGREDIENTES:
- 4 yemas de huevo
- ¼ taza de azúcar blanca
- 1 cucharada de extracto de vainilla
- ½ taza de crema para batir
- 2 tazas de queso mascarpone
- 30 dedos de dama
- 1½ tazas de café preparado helado guardado en el refrigerador
- ¾ taza de licor Frangelico
- 2 cucharadas de cacao en polvo sin azúcar

INSTRUCCIONES:
a) En un tazón, mezcle las yemas de huevo, el azúcar y el extracto de vainilla hasta que quede cremoso.
b) Después de eso, bata la crema batida hasta que esté firme.
c) Combine el queso mascarpone y la crema batida.
d) En un tazón pequeño, mezcle ligeramente el mascarpone con las yemas de huevo y déjelo a un lado.
e) Combina el licor con el café frío.
f) Sumerja los bizcochos en la mezcla de café inmediatamente. Si los dedos femeninos se mojan demasiado, se empaparán.
g) Coloque la mitad de los bizcochos en el fondo de una fuente para hornear de 9x13 pulgadas.
h) Coloque la mitad de la mezcla de relleno encima.
i) Coloque los dedos de dama restantes en la parte superior.
j) Coloque una tapa sobre el plato. Después de eso, enfríe durante 1 hora.
k) Espolvorear con cacao en polvo.

16. tiramisú vegano

Rinde: 6 porciones

INGREDIENTES:
- 1 taza de tofu firme, escurrido y prensado
- Envase de 8 onzas de queso crema vegano
- 1/2 taza de helado vegano de vainilla, suavizado
- 1 cucharadita de extracto puro de vainilla
- 1/3 taza más 1 cucharada de azúcar superfina
- 1/2 taza de café, enfriado a temperatura ambiente
- 2 cucharadas de licor de café
- 1 bizcocho vegano, cortado en rebanadas de 1/2 pulgada de grosor
- 1 cucharada de cacao en polvo sin azúcar

INSTRUCCIONES:
a) En un procesador de alimentos, combine el tofu, el queso crema, el helado, la vainilla y 1/3 de taza de azúcar. Procese hasta que quede suave y bien mezclado.

b) En un tazón pequeño, combine el café, la cucharada restante de azúcar y el licor de café.

c) Coloque una sola capa de rebanadas de pastel en un molde para hornear cuadrado de 8 pulgadas y cepille con la mitad de la mezcla de café. Espolvorear con la mitad del cacao. Extienda la mitad de la mezcla de tofu sobre el pastel. Coloque otra capa de rebanadas de pastel encima de la mezcla de tofu. Cepille con la mezcla de café restante y extienda uniformemente con la mezcla de tofu restante. Espolvorear con el cacao restante. Enfriar 1 hora antes de servir.

17. Panna Cotta infundida con guisantes de mariposa

Rinde: 4 porciones

INGREDIENTES:
- 1/2 taza de leche entera
- 2 tazas de crema espesa
- 1/4 taza de azúcar granulada
- 3 hojas de gelatina
- 2 cucharadas de flores secas de guisante de mariposa
- 1/2 cucharadita de extracto de vainilla

INSTRUCCIONES

a) Si planea desmoldar la panna cotta en platos, engrase ligeramente el interior de los vasos con aceite vegetal y use una toalla de papel para limpiar la mayor parte del aceite, dejando solo un residuo ligero. De lo contrario, puede dejarlos sin recubrimiento.

b) Remoje la hoja de gelatina en agua fría hasta que esté blanda. Dejar de lado.

c) En una cacerola mediana, caliente la leche, la crema espesa y el azúcar hasta que hierva a fuego lento, pero no hierva.

d) Retire del fuego.

e) Exprima la gelatina para eliminar el exceso de agua y agréguela a la sartén, revolviendo constantemente hasta que la gelatina se derrita.

f) Agregue extracto de vainilla y flores secas de guisante de mariposa. Deje reposar la mezcla durante 15 minutos o hasta que la mezcla esté azul.

g) Colar la mezcla a través de un colador fino y verter uniformemente entre los moldes preparados. Refrigere hasta que cuaje durante al menos 4 horas o toda la noche.

h) Para desmoldar, sumerja el fondo del molde en una olla con agua caliente durante 5 segundos para despegar la panna cotta. Deslice un cuchillo alrededor del borde, luego déle la vuelta con cuidado sobre un plato para servir.

i) Mejor servido frío.

18. Panna cotta de coco y vainilla con salsa de bayas de hibisco

Rinde: 2 porciones grandes

PANNA COTTA DE COCO Y VAINILLA:
- 1 paquete de gelatina granulada
- 3/4 taza de leche de coco
- 1 taza de crema de coco
- 1 taza de crema espesa
- 2 cucharadas de azúcar en polvo
- 1/2 cucharadita de pasta de vainilla

SALSA DE BAYAS DE HIBISCO
- 1/2 taza de bayas mixtas frescas o congeladas
- 4 flores de hibisco secas
- 1/4 cucharadas de azúcar en polvo

INSTRUCCIONES
PANNA COTTA DE COCO Y VAINILLA:
a) Prepare cuatro moldes, moldes o vasos de 4 onzas o más grandes engrasándolos muy ligeramente con aceite de coco o aceite vegetal. Puedes saltarte este paso si no colocas sobre el molde la panna cotta. Usé 4 copas de vino francesas como moldes. pero podrías dejarlo fácilmente en el vaso para servir.
b) En un tazón pequeño, espolvorea la gelatina sobre 3 cucharadas de agua fría. Mezclar y dejar reposar para ablandar.
c) En una cacerola pequeña a fuego medio, caliente la leche de coco y la crema hasta que comience a burbujear en los bordes. Baje el fuego y agregue la gelatina blanda, mezclando hasta que se derrita por completo.
d) Retire la sartén del fuego y prepare un tazón grande con agua helada. Cuela la mezcla de gelatina de coco en un tazón un poco más pequeño y colócalo en el agua helada. Raspe suavemente el tazón con una espátula de goma y mezcle hasta que la mezcla se enfríe y comience a espesar. Si la mezcla comienza a fraguar, retírela inmediatamente.
e) Vierta el agua helada del recipiente grande y límpielo. Coloque la crema espesa en el tazón y mezcle el azúcar en polvo hasta que

se disuelva. Agregue gradualmente la gelatina de coco hasta que esté completamente mezclada. Trate de no mezclar demasiado para evitar que se formen burbujas de aire.

f) Vierte la mezcla en tus ramequines, vasos o moldes para preparar. Llevar a la heladera por al menos 4 horas o hasta que cuaje.

g) Para desmoldar su panna cotta, pase los lados de su molde bajo agua tibia hasta que comience a aflojarse. Use su dedo para tirar suavemente de la panna cotta desde el borde. Luego, invierta en su plato para servir.

SALSA DE BAYAS DE HIBISCO:

h) En una cacerola pequeña a fuego medio alto, mezcle 1 taza de agua con azúcar en polvo. Llevar a ebullición y dejar hervir durante 1 minuto. Retire del fuego y agregue las flores de hibisco. Ponga a un lado y deje reposar durante 30 minutos.

i) Retire las flores de hibisco del almíbar y deséchelas o guárdelas para decorar. Agregue las bayas a la sartén y vuelva a colocar en la estufa y caliente a fuego medio alto.

j) Llevar a ebullición baja y cocinar hasta que espese un poco. si usa bayas congeladas, trate de no revolver demasiado, rompa las bayas o reserve 1/4 de las bayas para agregarlas después de que la salsa comience a espesar.

k) Refrigere la salsa y enfríe durante al menos 2 horas antes de servir.

19. Sirope De Arándanos Y Lilas Panna Cotta

Rinde: 2 Panna Cottas

INGREDIENTES:
PARA EL JARABE DE LILAS
- 1 taza de flores lilas
- 240 g de azúcar blanca
- 250 ml de agua

PARA LA PANCOTA
- 3 gramos de hoja de gelatina
- 200 ml de nata entera
- 80 gramos de arándanos
- 30 gramos de sirope de lila
- 40 gramos de azúcar blanca

PARA EL COULIS DE ARÁNDANO
- 100 gramos de arándanos frescos
- 30 gramos de azúcar blanca
- 10 ml de jugo de limón

PARA LA GANACHE DE CHOCOLATE BLANCO
- 60 gramos de nata entera
- 100 gramos de chocolate blanco

PARA REVESTIMIENTO
- 5-8 arándanos por plato
- Un pequeño puñado de flores lilas.

PARA EL JARABE DE LILAS
a) Retire las flores lilas individuales de su tallo. Asegúrese de tomar solo las flores moradas, deseche todas las flores marrones y los tallos verdes. Lave las flores lilas.
b) Coloque las flores, el azúcar y el agua en una cacerola. A fuego medio, lleve a fuego lento y continúe cocinando a fuego lento durante 10 minutos. Retire del fuego y cuele con un colador de alambre. Usa el dorso de una cuchara de metal para sacar la mayor cantidad posible de color y sabor de las flores.
c) Permita que el jarabe se enfríe a temperatura ambiente y luego refrigere. Se puede hacer con una semana de anticipación.

PARA LA PANCOTA
d) Coloque las hojas de gelatina en suficiente agua fría para cubrir las hojas. Si no las has usado antes, no te preocupes de que las hojas de gelatina se disuelvan, se mantendrán juntas como una hoja en el agua fría pero se volverán blandas.
e) Coloque la crema, los arándanos, el almíbar de lilas y el azúcar en una cacerola. A fuego medio llevar a casi un fuego lento. Cuando empieces a ver burbujas retira del fuego y licúa con una batidora de mano hasta que quede suave. Regrese a fuego medio y deje hervir a fuego lento. Alejar del calor.
f) Saque las hojas de gelatina del agua y sacuda el exceso de agua. Agregue a la crema caliente y revuelva suavemente hasta que se disuelva y esté bien incorporado.
g) Cuele la mezcla de panna cotta a través de un colador de alambre. Vierta en moldes y enfríe a temperatura ambiente sin tapar. Esto llevará al menos una hora. Una vez a temperatura ambiente, cubra y coloque en el refrigerador durante la noche. Se puede hacer con un par de días de anticipación.

PARA EL COULIS DE ARÁNDANO
h) Hacer el coulis de arándanos el día de servir. Agregue los arándanos, el azúcar y el jugo de limón a una cacerola y mezcle con una batidora de mano hasta que quede suave. A fuego medio, llevar a fuego lento y cocinar hasta que el coulis haya espesado. Similar a la consistencia de la mermelada tradicional pero no seca.

i) Ponga a un lado y deje que se enfríe a temperatura ambiente.
PARA LA GANACHE
j) Picar el chocolate en trozos pequeños o virutas y colocar en un bol limpio. Dejar de lado.
k) Ponga la crema en una cacerola pequeña. A fuego medio, llevar a fuego lento. No le quites los ojos de encima. La crema tiende a hervir muy rápidamente. Retire del fuego y mezcle con el chocolate blanco. Sigue batiendo hasta que el chocolate se haya disuelto por completo y tengas una ganache suave. Verter en un pequeño recipiente de vertido. Los recipientes individuales por invitado son considerados, pero si se trata de un recipiente compartido, la pelea por el ganache restante puede hacer que las cosas sean divertidas.
l) En términos de tiempo durante la cena, haga que el ganache esté lo más cerca posible de servir. Meto el cazo con la nata en la nevera y dejo las virutas de chocolate en el bol a temperatura ambiente listas y esperando. Cuando el plato principal está terminado, preparo rápidamente el ganache y lo vierto en el recipiente para servir. Luego emplato la panna cotta.
ENCHAPADO
m) Asegúrese de que sus utensilios, platos y todos los ingredientes estén fríos a temperatura ambiente. Poner algo caliente sobre o debajo de la panna cotta la derretirá. Lave las flores lilas y los arándanos frescos y colóquelos sobre una toalla para que se sequen.
n) Para sacar la panna cotta de los moldes, toma un cuchillo afilado. Sosteniendo la panna cotta de lado, coloque la punta del cuchillo entre el interior del molde y la panna cotta. Empuje el cuchillo lentamente con cuidado de no perforar la panna cotta. El peso de la panna cotta comenzará a despegarla de los bordes del molde, deja que la gravedad te ayude. Una vez que empiece a despegarse, empezar a enrollar el molde progresivamente hasta que se despegue por completo de los bordes. Sigue sosteniendo el molde de lado.

o) Coloque el plato contra la abertura del molde mientras aún está de lado, precisamente donde le gustaría que la panna cotta esté en el plato, luego gire el molde boca abajo con el plato debajo. Tal como lo harías con una gelatina. Si tiene problemas para sacarlos, puede sumergir rápidamente el fondo del molde en agua muy caliente, tenga cuidado de que no entre agua en la panna cotta.

p) Con una cuchara pequeña, coloque un poco de coulis encima de cada panna cotta. Usando el dorso de la cuchara, extienda con cuidado el coulis hasta el borde de la panna cotta.

q) Decora cada plato con arándanos y flores. A menudo corto el tercio inferior de uno de los arándanos para que se vea sumergido en la parte superior de la panna cotta.

r) ¡No olvides poner la ganache sobre la mesa!

20. Miel Manzanilla Panna Cotta

Rinde: 4 porciones

INGREDIENTES:
- 1/2 taza de leche entera
- 2 tazas de crema espesa
- 1/4 taza de azúcar granulada
- 3 hojas de gelatina
- 1/2 cucharadita de extracto de vainilla
- 1 taza de flores de manzanilla secas
- miel, para cubrir

INSTRUCCIONES

a) Si planea desmoldar la panna cotta en platos, engrase ligeramente el interior de los vasos con aceite vegetal y use una toalla de papel para limpiar la mayor parte del aceite, dejando solo un residuo ligero. De lo contrario, puede dejarlos sin recubrimiento.

b) Remoje la hoja de gelatina en agua fría hasta que esté blanda. Dejar de lado.

c) En una cacerola mediana, caliente la leche, la crema espesa y el azúcar hasta que hierva a fuego lento.

d) Retire del fuego.

e) Exprima la gelatina para eliminar el exceso de agua y agréguela a la sartén, revolviendo constantemente hasta que la gelatina se derrita.

f) Agregue extracto de vainilla y flores de manzanilla secas. Deje reposar la mezcla durante 10-15 minutos.

g) Colar la mezcla a través de un colador fino y verter uniformemente entre los moldes preparados. Refrigere hasta que cuaje durante al menos 4 horas o toda la noche.

h) Para desmoldar, sumerja el fondo del molde en una olla con agua caliente durante 5 segundos para despegar la panna cotta. Deslice un cuchillo alrededor del borde, luego déle la vuelta con cuidado sobre un plato para servir.

21. Panna cotta de yogur de rosas

Rinde: 2 porciones

INGREDIENTES:
- 1/2 taza de crema fresca
- 1/2 taza de yogur
- 1 cucharada de azúcar
- 3 cucharadas de jarabe de rosas
- 1/4 cucharadita de color rosa
- 1,5 cucharaditas de agar agar
- 1 cucharada de agua
- Unas Gotas de Esencia de Rosa
- pistachos

INSTRUCCIONES:
a) En un tazón grande, mezcle el yogur, 1 cucharada de crema, el jarabe de rosas y la esencia de rosas, mezcle hasta que estén bien combinados y sin grumos.
b) En un tazón pequeño, mezcle el polvo de agar en agua tibia hasta que se mezclen.
c) En una cacerola o cacerola pequeña, caliente la crema restante y el azúcar a fuego bajo o medio, revolviendo con frecuencia. Una vez que el azúcar se disuelva, agregue la mezcla de polvo de agar y continúe revolviendo hasta que la mezcla esté caliente y hirviendo a fuego lento pero sin hervir. Tomará alrededor de 1-2 minutos. Asegúrate de no hervir esta mezcla.
d) Ahora vierta esta mezcla en la mezcla de yogur y bata hasta que esté bien combinado. Deberá hacer esto más rápido ya que el agar comenzará a fraguar.
e) Divida esta mezcla de panna cotta en tazones engrasados o de silicona y enfríe en el refrigerador hasta que cuaje o al menos durante 4 horas.
f) Desmolda la panna cotta de yogur de rosas de los moldes y sírvela con pistachos picados por encima.

22. Gulab panna cotta

INGREDIENTES:
- 2 taza de crema fresca
- 1/4 taza de jarabe de rosas
- 2 1/2 cucharadita de gelatina de agar agar
- 1/4 taza de azúcar en polvo
- según sea necesario Falooda para servir
- Según sea necesario Crema de rosas dulces para decorar
- según sea necesario Pequeños cubos de gelatina para decorar
- 8-10 pétalos de rosas frescas
- 1/2 taza de azúcar
- 1/2 cucharadita de glucosa líquida

INSTRUCCIONES:
a) Tome una cucharada de agua en un tazón. Agregue gelatina y déjela a un lado para que florezca. Caliente la crema en una sartén antiadherente y hierva. Agregue azúcar en polvo y mezcle bien. Caliente la gelatina florecida en un microondas durante 30 segundos y agregue a la crema. mezclar bien y cocinar hasta que la gelatina se disuelva por completo.

b) Cuele la mezcla en otro tazón, agregue el jarabe de rosas y mezcle bien. Vierta la mezcla en una fuente de vidrio para hornear. Refrigere durante 2-3 horas o hasta que cuaje.

c) Para hacer que la rosa se vuelva quebradiza, caliente una sartén antiadherente, agregue azúcar y un poco de agua y deje que el azúcar se derrita, pique los pétalos de rosa. Agregue glucosa líquida a la sartén y mezcle bien. Agregue los pétalos de rosa picados y mezcle. Vierta la mezcla en una silicona. Estera, extienda y enfríe hasta que se endurezca.

d) Corta la pannacotta en rodajas con un cortador de galletas de tamaño mediano y desmolda.

e) Coloque las rodajas de pannacotta en un plato para servir poco profundo y coloque algunos pedazos quebradizos a los lados, reservando algunos para decorar. crema, gelatina de rosa, flores comestibles coloridas, pétalos y servir inmediatamente.

23. panna-cotta de jengibre y rosas

Rinde: 4 porciones

INGREDIENTES:
- 1 taza de leche
- 1/2 taza de crema
- 1/4 taza de azúcar o al gusto
- 1/4 taza de jengibre picado
- 1 cucharadita de esencia de rosas
- Ralladura de limón unas cuantas
- 10 g de agar agar

INSTRUCCIONES:
a) Remoje el agar agar en agua durante 15-20 minutos.
b) Tome la leche en una cacerola, agregue la crema, el azúcar, mezcle y hierva a fuego lento.
c) Agregue el jengibre y la ralladura de limón, hierva unos minutos.
d) Cubra y apague. Dejar reposar durante 20min.
e) Ahora cuela la mezcla.
f) Vuelva a colocar en la cacerola y cocine a fuego lento.
g) Mientras tanto, ponga el agar agar empapado con agua en una cacerola y cocine a fuego lento hasta que el agar agar se derrita. Agregue esto a la mezcla anterior.
h) Cocine hasta que todo se mezcle bien. Apagar y añadir esencia de rosas. Mezcla. Enfriar un poco.
i) Coge cualquier molde y vierte la mezcla de panna cotta poco a poco.
j) Mantener en el refrigerador hasta que cuaje.
k) Desmoldar y servir con cualquier salsa o almíbar. Aquí lo serví con salsa de fresas.

24. Mini Trifles De Tiramisú

Rinde: 6 porciones

INGREDIENTES:
PARA EL RELLENO DE MASCARPONE
- 20 onzas de queso mascarpone
- 3 cucharadas de azúcar
- 1 taza de crema batida espesa, fría
- ½ taza de azúcar en polvo
- 1 cucharadita de extracto de vainilla

PARA LAS GALLETAS EMPAPADAS EN ESPRESSO
- ¾ taza de agua caliente
- 3 cucharadas de espresso instantáneo en polvo
- 3 cucharadas de azúcar
- 36 melindres suaves

PARA LA NATA BATIDA KAHLUA
- ½ taza de crema batida espesa
- ¼ taza de azúcar en polvo
- 2 cucharadas de Kahlúa

INSTRUCCIONES:
a) Mezcle el queso mascarpone y el azúcar hasta que se combinen. No mezcle demasiado o el queso mascarpone puede diluirse. Dejar de lado.
b) En otro tazón, agregue la crema batida espesa, el azúcar en polvo y el extracto de vainilla y bata hasta que se formen picos rígidos.
c) Doble con cuidado la crema batida en la mezcla de queso mascarpone. Dejar de lado.
d) En otro tazón, combine el agua caliente, el espresso en polvo y el azúcar.
e) Para colocar las trifles en capas, sumerja los bizcochos en la mezcla de espresso uno a la vez y colóquelos en el fondo de la taza de trifle. Use dos o tres bizcochos y rómpalos en pedazos según sea necesario para que quepan en la taza y creen una capa completa.
f) Coloque con una cuchara o una cuchara una capa de relleno de mascarpone encima de los bizcochos.
g) Repetir otra capa de bizcochos y relleno de mascarpone.
h) Después de completar las bagatelas, haga la crema batida.
i) Agregue la crema batida espesa, el azúcar en polvo y Kahlua a un tazón grande para mezclar y bata hasta que se formen picos rígidos.
j) Coloque un remolino de crema batida encima de cada bagatela, luego espolvoree con cacao en polvo, si lo desea.
k) Refrigere las bagatelas hasta que esté listo para servir.

25. Helado de tiramisú

Hace: 8

INGREDIENTES:
- 2 ½ tazas de crema
- 2 tazas de leche entera
- 1 vaina de vainilla, cortada por la mitad a lo largo con las semillas raspadas
- 8 yemas de huevo grandes
- ¾ taza de azúcar
- ¼ cucharadita de sal
- 20 bizcochos, y más para servir
- ¼ taza de café fuerte enfriado
- ¼ taza de licor de amaretto
- ½ taza de salsa de chocolate de buena calidad

INSTRUCCIONES:

a) Combine la crema, la leche, las raspaduras de vainilla y la vaina en una cacerola y caliente a fuego medio hasta que esté caliente pero sin hervir.

b) Retire del fuego y deje enfriar, durante unos 30 minutos.

c) Combine las yemas, el azúcar y la sal en un tazón grande y bata hasta que la mezcla haya triplicado su tamaño y esté espesa y cremosa.

d) Reduzca la velocidad de la batidora a media-baja y vierta la mezcla de leche lentamente.

e) Transfiera la mezcla nuevamente a la cacerola y cocine a fuego medio, revolviendo constantemente, hasta que esté lo suficientemente espesa como para cubrir el dorso de una cuchara.

f) Cuele la mezcla a través de un tamiz de malla en un recipiente colocado en un baño de agua con hielo.

g) Vierta la mezcla a través de un tamiz de malla en un recipiente colocado en un baño de agua con hielo.

h) Enfriar en la nevera durante al menos una hora.

i) Congelar en una máquina de helados.

j) Mientras la mezcla se congela, prepara los bizcochos. Combine partes iguales de amaretto y café fuerte y sumerja rápidamente los bizcochos en la mezcla para que se empapen por completo pero conserven su textura crujiente.

k) Antes de transferir el recipiente al congelador o de comer, incorpore la salsa de chocolate y los bizcochos empapados.

l) Enfriar en el congelador hasta que cuaje.

m) Para servir, coloque varios bizcochos en un tazón, rocíe con la mezcla de café y amaretto, y cubra con helado de tiramisú.

26. Tartas De Tiramisú

Rinde: 6 porciones

INGREDIENTES:
PARA LA CORTEZA:
- 4 cucharaditas de azúcar en polvo
- 2 cucharaditas de cacao en polvo de proceso holandés
- 2 cucharadas de harina para todo uso
- ½ cucharadita de maicena
- ¼ de cucharadita de espresso instantáneo en polvo
- Pizca de sal
- 1 ½ cucharadas de mantequilla fría sin sal, cortada en cubos pequeños
- Chorrito de extracto de vainilla

PARA EL LLENADO:
- 3 oz de queso mascarpone, a temperatura ambiente
- 2 cucharadas de azúcar
- 1 ½ cucharadas de marsala
- Chorrito de extracto de vainilla

PARA DECORAR:
- Una barra pequeña de chocolate semidulce o agridulce, o cacao en polvo de proceso holandés

INSTRUCCIONES:
a) Coloque el azúcar en polvo, el cacao en polvo, la harina para todo uso, la maicena, el espresso en polvo y la sal en un mini procesador de alimentos. Pulse varias veces para combinar.
b) Agregue los cubos fríos de mantequilla y la vainilla, y pulse hasta que se formen pequeñas migajas.
c) Divida el relleno entre dos moldes para tartaletas de 3 ½ pulgadas y use la parte posterior de una cucharada redonda para presionar las migas en el fondo y hacia los lados. Poner en el congelador durante al menos 15 minutos.
d) Precalentar el horno a 325 grados.

e) Coloque los moldes para tartaletas en una bandeja para hornear y hornee durante 8 a 10 minutos. Coloque sobre una rejilla para que se enfríe por completo.

f) En un tazón pequeño, mezcle el queso crema, el azúcar, el marsala y la vainilla hasta que quede suave.

g) Divida el relleno entre las dos cortezas enfriadas.

h) Para decorar, ralla un poco de chocolate semidulce o agridulce, o tamiza un poco de cacao holandés sobre cada tartaleta.

27. Tazas de pudín de chocolate blanco y tiramisú

Rinde: 6 porciones

INGREDIENTES:
- 10 dedos de dama italiana
- ½ taza de café preparado, enfriado, dividido
- 4 onzas de queso mascarpone, suavizado
- 1 ½ tazas de leche
- Paquete de 3.9 onzas de mezcla de pudín instantáneo de vainilla y chocolate blanco
- Recipiente de 8 onzas de cobertura batida, cantidad dividida
- virutas de chocolate blanco, opcional

INSTRUCCIONES:
a) Coloque los Lady Fingers en una bolsa de plástico con cierre hermético y tritúrelos con un mazo o un rodillo hasta que se formen migas gruesas.
b) Divida uniformemente las migas entre 6 platos pequeños para servir. Use una cucharadita para espolvorear migas de bizcocho con ¼ de taza de café. Usarás aproximadamente 2 cucharaditas de café por plato para servir.
c) Coloque el queso mascarpone, la leche, ¼ de taza de café y la mezcla para pudín en una licuadora y mezcle a velocidad media hasta que quede suave, aproximadamente 30 segundos.
d) Use una espátula de goma para transferir la mezcla de budín a un tazón grande. Dobla la mitad de la cobertura batida.
e) Cucharee o coloque el relleno uniformemente entre los 6 platos para servir. Cubra y enfríe durante 4 horas, o toda la noche.
f) Antes de servir, cubra con la crema batida restante y las virutas de chocolate blanco.

28. tiramisú de limón

Hace: 8-10

INGREDIENTES:
- 2 limones, jugo y ralladura de
- 4 cucharadas de brandy o 4 cucharadas de ron blanco
- 4 onzas de azúcar en polvo, dividido
- Paquete de 9 onzas de dedos de bizcocho
- Dos envases de 9 onzas de queso mascarpone
- 4 -5 cucharadas de crema de limón
- 2 huevos grandes, separados
- 150 ml de crema
- 1 limón, ralladura, finamente rallado mezclado con un poco de azúcar demerara

INSTRUCCIONES:

a) Mezcle el jugo de limón, el brandy y 2 oz de azúcar en un recipiente poco profundo.
b) Reserva para que el azúcar tenga tiempo de disolverse.
c) Prepare un molde con forma de resorte de 9 pulgadas; cubra el fondo con papel pergamino.
d) En un tazón muy limpio, usando batidores limpios, bata las claras de huevo hasta que formen picos suaves, comience lentamente, gradualmente a una velocidad más alta.
e) Montar la nata también a punto de nieve.
f) Batir el azúcar restante, el mascarpone, la cuajada de limón, las yemas de huevo y la ralladura de limón.
g) Luego incorporas la nata a la mezcla de mascarpone, seguida de las claras de huevo con una cuchara de metal.
h) Revuelva la mezcla de limón y brandy y sumerja los dedos, cubra el fondo del plato con ellos y espolvoree un poco de líquido extra sobre las galletas, por lo general tendrá suficiente.
i) Vierta la mitad de la mezcla de mascarpone sobre las galletas, sumerja los dedos restantes y colóquelos en la parte superior, rocíe nuevamente con brandy jugo de limón si le queda algo, seguido por el resto del mascarpone.
j) Nivele la parte superior con una espátula, cubra y deje en el refrigerador durante la noche.
k) Para servir, si lo usa, espolvoree la mezcla de limón y azúcar por encima, retírelo de la lata, colóquelo en un plato para servir y córtelo en gajos.

29. Tarta de tiramisú de calabaza y especias

Rinde: Una tarta de 9 pulgadas

INGREDIENTES:
- 1 ½ tazas de crema espesa
- 2 huevos grandes, separados
- ⅓ taza más 1 cucharada de azúcar
- 1 taza de mascarpone, a temperatura ambiente
- ½ taza de puré de calabaza en lata
- 1 ½ cucharaditas de especias para pastel de calabaza
- 1 ½ tazas de espresso preparado, a temperatura ambiente
- Paquete de 5.3 onzas de bizcochos
- Chocolate agridulce o semidulce, para rasurar

INSTRUCCIONES:

a) En el tazón de una batidora de pie equipada con el accesorio para batir, bata la crema a velocidad media-alta hasta que se formen picos rígidos; transferir a un tazón pequeño y refrigerar.

b) En el tazón limpio de la batidora de pie equipada con el accesorio para batir limpio, bata las claras de huevo a alta velocidad hasta que se formen picos suaves. Agrega 1 cucharada de azúcar y bate hasta que se formen picos rígidos; Transferir a un tazón pequeño.

c) En el tazón limpio de la batidora de pie equipada con el accesorio para batir limpio, mezcle las yemas de huevo y el ⅓ de taza de azúcar restante a alta velocidad hasta que espese y adquiera un color amarillo pálido. Agregue suavemente el mascarpone, el puré de calabaza, las especias para pastel de calabaza y un tercio de la crema batida a la mezcla de yema de huevo. Agregue suavemente las claras de huevo batidas y refrigere.

d) Coloque el espresso en un plato poco profundo. Sumerja ambos lados de los bizcochos en el espresso y colóquelos en un molde para pastel de 9 pulgadas para cubrir completamente el fondo. Cubra con la mitad de la mezcla de calabaza, más bizcochos bañados en espresso y la mezcla de calabaza restante. Cubra el pastel con la crema batida restante y las virutas de chocolate. Refrigere por 8 horas o hasta toda la noche, hasta que esté listo para servir.

30. Pasteles de tiramisú

Rinde: 6 porciones

INGREDIENTES:
GALLETAS:
- 2 tazas de harina de almendras
- 3 cucharadas de proteína de suero sin sabor
- ½ taza de edulcorante granulado de fruta del monje
- 2 cucharaditas de polvo de hornear
- ½ cucharadita de bicarbonato de sodio
- ½ cucharadita de sal
- ½ taza de mantequilla cortada en cubos pequeños
- ½ taza de sustituto de azúcar bajo en carbohidratos o ½ taza de su edulcorante bajo en carbohidratos favorito
- 2 huevos grandes
- 1 cucharadita de extracto de vainilla
- ½ taza de crema agria entera
- cacao en polvo para espolvorear

RELLENO:
- ¼ taza de café espresso frío o café fuerte
- 1 cucharada de ron oscuro
- 8 onzas de queso mascarpone
- 2 cucharadas de sustituto de azúcar bajo en carbohidratos
- pizca de sal
- ½ taza de crema espesa
- 2 cucharaditas de extracto de vainilla
- 2 cucharaditas de ron oscuro opcional o sub con el licor de su elección

INSTRUCCIONES:

a) Precaliente el horno a 350 °F. Rocía el molde para pay whoopie con spray antiadherente.

b) Mezcle la harina de almendras, la proteína en polvo, el edulcorante de azúcar moreno, el polvo de hornear, el bicarbonato de sodio y la sal en un tazón. Dejar de lado.

c) Bate la mantequilla y el azúcar con una batidora a velocidad media-alta, hasta que quede cremoso; unos 2 minutos.

d) Agregue los huevos y 1 cucharadita de vainilla, batiendo hasta incorporar. Raspe los lados del tazón. Agregue la crema agria, luego seque la mezcla.

e) Usando una cucharadita pequeña, vierta la masa en cada molde para pastel whoopie, llenando aproximadamente ⅔ del espacio. Coloque un poco de cacao en polvo en un colador pequeño y espolvoree un poco del cacao en polvo sobre cada cucharada de masa.

f) Hornee hasta que los bordes estén dorados, unos 10-12 minutos.

g) Deje enfriar sobre una rejilla durante unos 10 minutos, luego retire las galletas de la sartén y deje que se enfríen.

h) Una vez enfriado, voltea las galletas boca abajo sobre la rejilla.

i) Mezcle el espresso y 3 cucharadas de ron oscuro en un tazón pequeño. Extienda aproximadamente ¼ de cucharadita del líquido de espresso en la parte inferior de cada galleta.

j) Bate el queso mascarpone, el sustituto de azúcar bajo en carbohidratos, la sal, la crema espesa de vainilla y 1 cucharada de ron oscuro con una batidora hasta que quede suave. Vierta algunas de las mezclas de queso mascarpone sobre la mitad de chocolate de las galletas. Coloque la otra mitad de las galletas encima.

k) Sirva inmediatamente o coloque en el refrigerador.

31. Cannoli De Amaretto

Rinde: 6 porciones

INGREDIENTES:
- 2¾ taza de harina para todo uso; tamizado
- 2 cucharadas de azúcar
- ¼ taza de mantequilla
- 1 huevo; vencido
- ⅔ taza de vino Marsala; o jerez o vino dulce
- 1 clara de huevo
- Aceite; para freír
- 1 libra de queso ricota
- 2 tazas de azúcar glas; tamizado
- ⅓ taza de fruta confitada; picado fino (mezclado con cerezas confitadas)
- 2 onzas de chispas de chocolate agridulce
- 2 cucharadas de Amaretto; o licor de marrasquino

INSTRUCCIONES:

a) Mezclar la harina y el azúcar y cortar en mantequilla. Agregue el huevo y el vino gradualmente y luego forme una bola con la mezcla. Amasar la masa hasta que quede suave, unos 5 minutos.

b) Cubra y deje reposar durante al menos 1 hora.

c) Relleno: Presione el queso ricotta a través de un tamiz en un tazón para mezclar. Agrega el azúcar, reservando 2 cucharadas. Agregue frutas confitadas con cerezas y chispas de chocolate. Enfríe en el refrigerador.

d) Mientras tanto, en una superficie enharinada, enrolle la masa en círculos finos como papel de aproximadamente 4 pulgadas de diámetro. Envuelva los tubos de cannoli (ver más abajo) que se han cepillado con aceite de oliva. Cepille la clara de huevo en la solapa para sellar.

e) Caliente el aceite a 380 F y fría la masa. Escurrir sobre varias capas de toallas de papel. Enfríe, luego deslice con cuidado los tubos de metal. Cuando esté listo para servir, y no antes, ya que la masa se empapará, coloque el relleno a través de la boquilla más grande de una manga pastelera.

f) Coloque varias chispas de chocolate en el relleno en cada extremo.

g) Espolvoree con el azúcar glas restante y sirva inmediatamente.

32. Cannoli a la siciliana

Rinde: 12 porciones

INGREDIENTES:
CONCHAS:
- 2 tazas de harina para todo uso
- 2 cucharadas de manteca
- 1 cucharadita de azúcar
- ¼ de cucharadita de sal
- ¾ taza de Vino, Marsala, Borgoña o Chablis
- Aceite vegetal

RELLENO:
- 3 tazas de ricota
- ½ taza de azúcar glass
- ¼ taza de canela
- ½ cuadrado sin azúcar
- Chocolate rallado O
- ½ cucharada de Cacao (ambos opcionales)
- ½ cucharadita de vainilla
- 3 cucharadas de cáscara de cidra, picada
- 3 cucharadas de cáscara de naranja, confitada, picada
- 6 cerezas confitadas, cortadas

INSTRUCCIONES:
a) CONCHAS: Combine la harina, la manteca, el azúcar y la sal, y humedeciendo gradualmente con vino, amase con los dedos hasta que se forme una masa o pasta bastante dura. Forme una bola, cubra con un paño y deje reposar aproximadamente 1 hora.
b) Corte la masa por la mitad y enrolle la mitad de la masa en una lámina delgada de aproximadamente ¼ de pulgada de grosor.
c) Cortar en cuadrados de 4 pulgadas. Coloque un tubo de metal en diagonal a través de cada cuadrado de un punto a otro, envolviendo la masa alrededor del tubo superponiendo los dos puntos y sellando los puntos superpuestos con un poco de clara de huevo.

d) Mientras tanto, caliente el aceite vegetal en una sartén grande y profunda para freír. Coloque uno o dos tubos a la vez en aceite caliente. Freír suavemente hasta que la masa tenga un color marrón dorado.
e) Retire de la sartén, deje enfriar y retire con cuidado la cáscara del tubo de metal.
f) Deje las conchas a un lado para que se enfríen. Repita el procedimiento hasta que todas las conchas estén hechas.
g) RELLENO: Mezcle bien la ricota con los ingredientes secos tamizados. Agrega la vainilla y la cáscara de la fruta. Mezclar y mezclar bien. (Se puede añadir un poco de pistacho rallado si se desea). Enfríe el refrigerador antes de llenar las conchas.
h) Rellene las conchas de cannoli frías; suave relleno uniformemente en cada extremo de la cáscara. Decore cada extremo con un trozo de cereza confitada y espolvoree las conchas con azúcar glas. Refrigere hasta que esté listo para servir.
i) Estos son mejores si se llenan justo antes de que llegue su compañía.

33. Pizza de crema de cannoli

Rinde: 1 porciones

INGREDIENTES:
- Conchas de pizza de postre
- 1 taza de azúcar glass
- 6 tazas de queso ricotta, bien escurrido
- 1¼ taza de fruta confitada, picada fina
- 2 cucharaditas de extracto de vainilla
- 2 onzas de chispas de chocolate en miniatura semidulces
- Pistachos sin sal, picados en trozos grandes
- Cacao en polvo sin azúcar

INSTRUCCIONES:
a) En un procesador de alimentos o en un tazón, mezcle el azúcar glas con el queso ricotta hasta que quede suave y cremoso.
b) Agregue la fruta confitada, la vainilla y las chispas de chocolate. Enfríe, tapado, durante dos o tres horas antes de usar.
c) Ponga una capa de crema de cannoli sobre la base de pizza horneada.
d) Espolvorear los pistachos picados sobre el queso. Espolvoree ligeramente con cacao en polvo si lo desea.

34. pastel de cannoli

Rinde: 1 porciones

INGREDIENTES:
- 1½ libras de queso ricota
- 1½ taza de azúcar glas
- 3 cucharadas de crema espesa
- 12 cerezas, en cuartos
- 2 onzas de chocolate dulce Baker's
- 2 onzas de almendras fileteadas
- 1 base de chocolate preparada
- Chocolate dulce de panadería rallado

INSTRUCCIONES:
a) Combine el queso ricotta, el azúcar glas y la crema espesa en un tazón grande para mezclar; mezcle bien hasta que quede suave y cremoso.
b) Agrega las cerezas, 2 onzas de chocolate y las almendras; revuelva para mezclar.
c) Vierta en la corteza preparada. Decore con una pizca de chocolate rallado, si lo desea.
d) Cubrir con papel aluminio y congelar 3 horas antes de servir. (Si el pastel se vuelve sólido, deje que se ablande un poco antes de servir.

35. Cannoli para niños

Rinde: 10 porciones

INGREDIENTES:
- 15 onzas de queso ricotta parcialmente descremado
- ⅔ taza de azúcar glas
- ½ cucharadita de cáscara de naranja rallada
- ½ cucharadita de extracto de vainilla
- 2 cucharadas de chispas de chocolate en miniatura
- 10 conos de helado de azúcar

INSTRUCCIONES:
a) En un tazón grande con una batidora eléctrica a velocidad baja, bata el queso ricotta, el azúcar, la cáscara de naranja y la vainilla hasta que quede suave. Agregue las chispas de chocolate. Cubra y refrigere 30 minutos.
b) Para servir, coloque la mezcla con una cuchara directamente en los conos de helado o en una bolsa de decoración sin punta y luego coloque la mezcla en los conos.

36. <u>Conchas de cannoli y relleno</u>

Rinde: 1 porciones

INGREDIENTES:
- 1½ taza de harina
- ½ cucharadita de polvo de hornear
- 1 clara de huevo
- ¼ de cucharadita de sal
- 2 cucharadas de mantequilla
- 8 onzas de queso ricota
- ½ taza de crema batida
- ¼ taza de azúcar en polvo
- 1 cucharadita de vainilla
- ¼ taza de chispas de chocolate en miniatura

INSTRUCCIONES:
a) Tamizar la harina, la sal y el polvo de hornear. Cortar en mantequilla; amasar bien Sobre una tabla enharinada, extienda la masa hasta que tenga un grosor de 1/16 de pulgada. Cortar en cuadrados de 4 pulgadas.
b) Con un rodillo, convierte los cuadrados en óvalos. Envuelve cada óvalo alrededor del tubo de Cannoli. Selle el borde con clara de huevo. Freír 2 a la vez en aceite a 350 grados durante 1 a 2 minutos. Sostenga los tubos con palillos para drenar. Enfriar por 5 minutos. Retire con cuidado los tubos. Hace 12 conchas.
c) Relleno: En la licuadora, combine el queso, la crema, el azúcar y la vainilla. Dobla las chispas de chocolate. Rellene las conchas de Cannoli. Espolvorear con azúcar en polvo. Decorar con sirope de chocolate. Llena 12 conchas.

37. torta de queso tiramisú

Hace: 12

INGREDIENTES:
CORTEZA:
- Paquete de 12 onzas de bizcochos
- ¼ taza de mantequilla sin sal, derretida
- 2 cucharadas de licor con sabor a café

RELLENO:
- Tres paquetes de 8 onzas de queso crema ablandado
- Envase de 8 onzas de queso mascarpone ablandado
- 1 taza de azúcar blanca
- 2 cucharadas de licor con sabor a café
- ¼ taza de harina para todo uso
- 2 huevos grandes
- 1 cucharadita de crema espesa, o más según sea necesario
- ¼ de onza de chocolate semidulce

INSTRUCCIONES:
a) Precaliente el horno a 350 grados F.
b) Coloque una fuente de agua en la rejilla más baja del horno.
c) Hacer la corteza: triturar los bizcochos en migajas finas. Coloque las migas en un recipiente con mantequilla derretida y licor con sabor a café; revuelva hasta que se combinen uniformemente. Presione en el fondo de un molde desmontable de 9 pulgadas.
d) Haz el relleno: bate el queso crema, el queso mascarpone y el azúcar en un tazón grande con una batidora eléctrica hasta que quede muy suave, de 2 a 3 minutos. Raspe los lados del tazón y mezcle el licor con sabor a café. Agrega la harina y los huevos; mezcle a baja velocidad hasta que quede suave. Si la masa parece demasiado espesa, mezcle con crema espesa. Vierta la masa sobre la corteza.
e) Hornee en la rejilla central del horno precalentado hasta que esté listo, de 40 a 45 minutos.
f) Abra la puerta del horno, apague el fuego y deje que la tarta de queso se enfríe en la rejilla central durante 20 minutos. Retire del horno, transfiera a una rejilla y deje enfriar por completo durante unos 30 minutos más.
g) Refrigere por lo menos 3 horas, o toda la noche.
h) Cuando esté listo para servir, ralle el chocolate semidulce por encima. Pase la punta de un cuchillo de mesa por los bordes de la sartén, luego desenganche y retire los lados. Deslice suavemente la tarta de queso de la base de la sartén y colóquela en un plato para servir.

38. Mangomisú

Rinde: 6 porciones

INGREDIENTES:
- 500 g de queso mascarpone
- 600ml de crema espesa
- ⅓ taza de azúcar glas
- 2 yemas de huevo
- 1 vaina de vainilla, dividida, con las semillas raspadas
- ½ taza de gran marnier
- Jugo de 2 naranjas
- 300 g de bizcochos
- 3 mangos, carne en rodajas de 1 cm de espesor
- Salsa de frambuesas
- ¼ taza de azúcar en polvo
- 250 g de frambuesas frescas o frambuesas congeladas
- Jugo de 1 limón

INSTRUCCIONES:

a) Cubra la base de un molde para pasteles desmontable de 22 cm con una envoltura de plástico o papel para hornear. Coloque el mascarpone, la crema espesa, el azúcar glas, las yemas de huevo y las semillas de vainilla en el tazón de una batidora eléctrica y bata a alta velocidad hasta que espese y esté bien combinado.

b) Combine el Grand Marnier y el jugo de naranja en un recipiente aparte. Sumerja la mitad de los bizcochos en la mezcla de jugo y colóquelos en la base del molde para pasteles. Unte con un tercio de la mezcla de mascarpone y cubra con un tercio de las rodajas de mango. Repita el proceso, luego cubra con la mezcla restante de mascarpone, reservando las rebanadas de mango restantes para servir. Cubra el pastel y enfríe durante 2 horas o hasta que esté firme.

c) Mientras tanto, para la salsa de frambuesa, coloca el azúcar y 2 cucharadas de agua en una cacerola pequeña a fuego medio, revolviendo para disolver el azúcar. Deje enfriar un poco, luego agregue las bayas y el jugo de limón. Triture en un procesador de alimentos hasta que quede suave, luego páselo por un colador. Enfriar hasta que esté listo para servir.

d) Para servir, retire con cuidado los lados y la base del molde para pasteles y transfiera el mangomisu a un plato.

e) Decore con rizos del mango reservado, luego rebane y sirva con salsa de bayas.

39. tiramisú de matcha

Hace: 9

INGREDIENTES:
CAFÉ PREPARADO
a) ¾ taza de café preparado
b) 1 cucharada de amaretto opcional
CREMA DE MASCARPONE
c) ⅓ taza de leche condensada
d) 1 cucharada de polvo de matcha
e) 3 yemas de huevo
f) 8 onzas de queso mascarpone
g) 2 cucharadas de café preparado
h) 1 cucharadita de extracto de vainilla
i) 1 taza de crema espesa
MONTAJE DE TIRAMISÚ
j) 40 melindres
k) 1 cucharada de polvo de matcha

INSTRUCCIONES:
a) Combine su café preparado con amaretto en un tazón. Dejar de lado.
b) Mezclar la leche condensada y el matcha hasta obtener un color verde uniforme. Tamizar el polvo de matcha en la leche condensada.
c) A continuación, haz tu relleno de mascarpone. Llevar unas tazas de agua a fuego lento en una cacerola pequeña.
d) Agregue las yemas de huevo y la leche condensada matcha a un tazón. Coloque el tazón sobre el agua hirviendo y mezcle hasta que la mezcla de huevo se vuelva de un color verde más claro. Retire del fuego.
e) Agregue el queso mascarpone, el café preparado y el extracto de vainilla a la mezcla de huevo y mezcle hasta que estén bien incorporados.

f) Batir la crema espesa hasta que forme picos rígidos. Doble suavemente la crema en la mezcla de mascarpone del paso 5. Reserve.

g) Ahora es el momento de armar tu tiramisú. Sumerja ligeramente un dedo de dama en el café preparado y colóquelo en una fuente para hornear de 9 × 9. Repita este proceso hasta que la parte inferior esté cubierta con bizcochos.

h) Vierta la mitad de la crema de mascarpone en los dedos de las damas. Extiéndalo en una capa uniforme sobre los dedos de las damas. Repita este proceso con una segunda capa de bizcochos y luego una segunda capa de queso mascarpone.

i) Tamiza el polvo de matcha encima de la segunda capa de crema de mascarpone.

j) Cubra el tiramisú y colóquelo en el refrigerador. Déjalo reposar en la nevera durante 6 horas o toda la noche. Para obtener el mejor sabor y textura, déjelo reposar en el refrigerador durante la noche.

40. Tiramisú de mousse de chocolate y caramelo

Hace: 12

INGREDIENTES:
h) 400 g de chocolate negro, picado
i) 400 g de chocolate con leche, troceado
j) 6 huevos, separados
k) 1 ½ hojas de gelatina de titanio, ablandadas en agua fría durante 5 minutos
l) Crema espesa 900ml
m) 2 cucharaditas de pasta de vainilla
n) ½ taza de azúcar en polvo
o) 1 taza de licor de café
p) 400 g de bizcochos ladyfinger
q) Cacao, para espolvorear

MOUSSE DE CARAMELO
r) Crema espesa 800ml
s) 2 hojas de gelatina de fuerza de titanio, ablandadas en agua fría durante 5 minutos
t) 2 frascos de 250 g de dulce de leche comprado en la tienda, batido ligeramente para aflojar

INSTRUCCIONES:
a) Coloque los chocolates en un recipiente resistente al calor colocado sobre una cacerola con agua hirviendo a fuego lento y revuelva hasta que se derrita y esté suave. Enfríe un poco, luego transfiéralo a una batidora de pie con el accesorio de paleta.
b) Batir las yemas de huevo.
c) Coloque 300 ml de nata en una cacerola pequeña a fuego lento y cocine a fuego lento. Exprima el exceso de agua de la gelatina y revuelva en la crema hasta que se derrita y se combine. En 3 lotes, mezcle con la mezcla de chocolate hasta que quede suave. Transfiera a un tazón grande y limpio.
d) Batir los 600 ml restantes de nata con la vainilla a punto de nieve. Enfriar.

e) Coloque las claras de huevo en una batidora de pie con el accesorio para batir y bata a punto de nieve. Agregue azúcar, 1 cucharada a la vez, y bata hasta que se disuelva y la mezcla esté brillante.

f) Doble la crema batida en una mezcla de chocolate, luego, en 2 lotes, doble las claras de huevo batidas. Enfríe hasta que esté listo para ensamblar.

g) Para la mousse de caramelo, coloque 200 ml de nata en una cacerola pequeña a fuego lento y cocine a fuego lento. Exprima el exceso de agua de la gelatina y revuelva en la crema hasta que se derrita y se combine. Enfriar un poco. Coloque los 600 ml de crema restantes en una batidora de pie con el accesorio para batir y bata hasta obtener picos suaves. Incorpore la mezcla suelta de dulce de leche y gelatina hasta que se mezclen. Enfriar durante 30 minutos.

h) Colocar el licor de café en un bol amplio. Mojar la mitad de los bizcochos ladyfinger en licor y disponerlos en doble capa en la base de una fuente de 6L. Vierta sobre la mitad de la mousse de chocolate. Sumerja las galletas restantes en licor y colóquelas en una capa doble sobre la mousse. Cubra con mousse de caramelo, alisando la parte superior con una espátula. Refrigere durante 2-3 horas hasta que cuaje. Coloque la mousse de chocolate restante en una manga pastelera provista de una boquilla plana de 1 cm y refrigere hasta que esté lista para usar.

i) Coloque la mousse de chocolate restante sobre la parte superior de la mousse de caramelo. Refrigere durante 4-5 horas o toda la noche hasta que cuaje. Espolvorear con cacao, para servir.

41. Potes de crema de tiramisú

Hace: 8

INGREDIENTES:
- 2 tazas de azúcar en polvo
- 12 yemas de huevo
- 2 vainas de vainilla, partidas, con las semillas raspadas
- 1,2 L de nata pura, más ¼ de taza extra
- 2 cucharadas de café instantáneo granulado
- 50 g de mantequilla sin sal, picada
- 4 bizcochos de bizcocho, desmoronados
- 2 cucharadas de Frangelico
- 1 cucharada de avellanas finamente picadas
- 400 g de mascarpone de buena calidad
- 1 cucharadita de extracto de vainilla
- Cacao en polvo de buena calidad, para espolvorear

INSTRUCCIONES:
a) Precalentar el horno a 140°C.
b) Batir el azúcar y las yemas de huevo en un tazón hasta que estén pálidos.
c) Coloque las vainas y las semillas de vainilla en una cacerola grande con la crema y el café, y deje que hierva, revolviendo para disolver el café. Vierta lentamente sobre la mezcla de huevo, batiendo constantemente, hasta que se mezclen.
d) Regrese la mezcla de huevo a la sartén limpia y colóquela a fuego medio-bajo.
e) Cocine, revolviendo constantemente, de 6 a 8 minutos o hasta que espese y la mezcla de huevo cubra el dorso de la cuchara. Divida entre ocho platos aptos para horno de ¾ de taza y colóquelos en una asadera grande. Agregue suficiente agua hirviendo para llegar a la mitad de los lados de la sartén.
f) Cubra la fuente con papel aluminio y colóquela cuidadosamente en el horno. Hornee durante 30 minutos hasta que esté listo con un suave bamboleo en el centro. Enfríe a

temperatura ambiente, luego enfríe durante 2 horas o hasta que cuaje.

g) Cuando esté listo para servir, derrita la mantequilla en una sartén durante 2-3 minutos o hasta que se dore como una nuez. Agregue los bizcochos y cocine, revolviendo, durante 3-4 minutos o hasta que estén tostados. Agregue Frangelico y avellanas, y revuelva para combinar. Fresco. Revuelva suavemente el mascarpone, la vainilla y la crema extra en un tazón.

h) Vierta la mezcla de mascarpone encima de las natillas. Espolvorea con la miga de bizcocho y el cacao para servir.

42. Magdalena de tiramisú

Rinde: 12-14 pastelitos

INGREDIENTES:
CUPCAKES
- 6 cucharadas de mantequilla salada, temperatura ambiente
- ¾ tazas de azúcar
- 2 cucharaditas de extracto de vainilla
- 6 cucharadas de crema agria
- 3 claras de huevo
- 1¼ tazas de harina para todo uso
- 2 cucharaditas de polvo de hornear
- 6 cucharadas de leche
- 2 cucharadas de agua

RELLENO DE TIRAMISÚ
- 2 yemas de huevo
- 6 cucharadas de azúcar
- ½ taza de queso mascarpone
- ½ taza de crema batida espesa
- 2½ cucharadas de agua tibia
- 1 cucharada de gránulos de café espresso instantáneo
- ¼ taza Kahlúa

INSTRUCCIONES:
HACER LAS MAGDALENAS
a) Precaliente el horno a 350 grados y prepare un molde para cupcakes con moldes para cupcakes.
b) Bate la mantequilla y el azúcar hasta que adquiera un color claro y esté esponjoso, unos 2-3 minutos.
c) Agregue el extracto de vainilla y la crema agria y mezcle hasta que estén bien combinados.
d) Agregue las claras de huevo en dos tandas, mezcle hasta que estén bien combinadas.
e) Combine los ingredientes secos en otro tazón, luego combine la leche y el agua en otro tazón.

f) Agregue la mitad de los ingredientes secos a la masa y mezcle hasta que estén bien combinados. Agregue la mezcla de leche y mezcle hasta que esté bien combinado. Agregue los ingredientes secos restantes y mezcle hasta que estén bien combinados.

g) Rellena los moldes para cupcakes hasta la mitad. Hornee durante 15-17 minutos, o hasta que al insertar un palillo, éste salga con algunas migajas.

h) Retire las magdalenas del horno y deje que se enfríen durante 2-3 minutos, luego retírelas a una rejilla para que terminen de enfriarse.

HACER EL RELLENO Y LLENAR LOS CUPCAKES

a) Mientras los cupcakes se enfrían, hacemos el relleno. Combine las yemas de huevo y el azúcar en la parte superior de una caldera doble, sobre agua hirviendo. Si no tiene una caldera doble, puede usar un tazón de metal para mezclar sobre una olla con agua hirviendo.

b) Cocine durante unos 6-8 minutos, con el fuego bajo, revolviendo constantemente, o hasta que la mezcla tenga un color claro y el azúcar se disuelva. Si la mezcla comienza a volverse demasiado espesa y de un color amarillo más oscuro, está demasiado cocida.

c) Cuando esté listo, bata las yemas con una batidora hasta que espesen y se pongan un poco amarillas.

d) Doble el queso mascarpone en yemas batidas.

e) Agregue crema batida espesa a otro tazón de batidora y bata hasta que se formen picos rígidos, aproximadamente de 5 a 7 minutos.

f) Doble la crema batida en la mezcla de mascarpone.

g) En otro tazón pequeño, combine agua tibia, espresso y Kahlua.

h) Una vez que los cupcakes estén fríos, corta los centros.

i) Rocíe aproximadamente 1 cucharada de la mezcla de espresso sobre el interior de los agujeros de las magdalenas, luego rellene los agujeros con el relleno de tiramisú.

43. Mini Vasitos de Tiramisú

Hace: 5

INGREDIENTES:
PARA LAS COPAS DE TIRAMISU
- 200 g Ladyfingers comprados en la tienda
- 300 g Mascarpone 41% materia grasa, úsalo frío
- 240 g de Crema Pesada 36% grasa, muy fría
- 70 g de azúcar en polvo tamizada

PARA EL MONTAJE
- 1 taza de café espresso fuerte ligeramente endulzado para remojar las mariquitas
- Unas cucharadas de cacao en polvo sin azúcar procesado en Holanda para decorar la parte superior
- Mariquitas para decorar

INSTRUCCIONES:
a) En un tazón, mezcle el mascarpone, la crema espesa y el azúcar en polvo con la ayuda de una batidora manual eléctrica durante unos minutos hasta obtener picos rígidos.
b) Remoje suavemente los bizcochos en espresso recién preparado y comience a colocarlos en capas en una taza, comenzando con los bizcochos empapados en café y terminando con la crema de mascarpone.
c) Alise la parte superior con una espátula o cuchara compensada y refrigere las copas de tiramisú durante un mínimo de 1 hora para que se ablande el bizcocho.
d) Después de que el tiramisú cuaje en el refrigerador, espolvoréelo con cacao en polvo y decórelo con más bizcochos.

44. Hojaldres De Crema De Tiramisú

Hace: 15

INGREDIENTES:
PARA EL CHOUX
- ½ taza de agua
- 4 cucharadas de mantequilla sin sal
- ½ cucharadita de azúcar
- Pizca de sal
- ½ taza de harina para todo uso
- 2 huevos grandes

PARA LA CREMA DE TIRAMISÚ:
- 4 onzas de queso mascarpone, a temperatura ambiente fresca
- 2 cucharadas de licor de café
- 1 taza de crema batida espesa
- ¾ taza de azúcar en polvo

PARA LA GANACHE:
- ⅓ taza de crema batida espesa
- 4 onzas de chocolate negro picado

INSTRUCCIONES
PARA EL CHOUX:

a) Precaliente el horno a 425 grados y cubra una bandeja para hornear con una hoja de papel pergamino.

b) En una cacerola mediana a fuego medio, combine el agua, la mantequilla, el azúcar y la sal hasta que la mantequilla se haya derretido y la mezcla esté hirviendo. Retire la cacerola del fuego y agregue toda la harina, revolviendo vigorosamente para combinar.

c) Después de unos momentos de agitación, la masa formará una bola húmeda que se desprenderá de los lados de la sartén. Regrese la sartén al fuego para cocinar, batiendo la masa con una cuchara de madera o una espátula de goma durante 3 minutos. Vierta la masa en un tazón grande y agregue los huevos uno a la vez, revolviendo vigorosamente después de cada adición para combinar.

d) La masa debe ser lo suficientemente viscosa para mantener un pico suave cuando saques la cuchara de madera. Si está demasiado rígido, agregue una cucharadita o dos de agua. Saque la mezcla en la manga pastelera y exprima bolas redondas de masa del tamaño de una cucharada, aproximadamente a 2 pulgadas de distancia en la fuente preparada. Apenas humedezca la yema de un dedo para suavizar los picos en las rondas para que sean discos redondeados, similares a la forma de una galleta macaron horneada.

e) Hornee en el horno precalentado durante 10 minutos, luego disminuya la temperatura del horno a 350 y hornee de 15 a 20 minutos adicionales, o hasta que las bocanadas estén doradas. Permita que se enfríe antes de usar.

PARA LA CREMA DE TIRAMISÚ:

a) Bate el mascarpone y el licor de café con una batidora manual a velocidad media durante unos 30 segundos o hasta que quede suave. En un tazón grande o en el tazón de una batidora de pie, bata la crema batida espesa a velocidad media hasta que espese un poco.

b) Agregue el azúcar en polvo y continúe batiendo hasta que se formen picos rígidos. Use una espátula de goma para incorporar suavemente la mezcla de mascarpone a la crema batida. Reservar en la nevera hasta que las bolitas de crema se hayan enfriado a temperatura ambiente. Cuando esté listo para llenar, corte una pequeña hendidura en la parte superior de cada hojaldre de crema.

c) Vierta la crema de tiramisú en una manga pastelera con boquilla redonda y rellene cada hojaldre con crema hasta llenar. Reserva mientras haces la ganache.

PARA LA GANACHE:

a) Caliente la crema espesa para batir en el microondas o en la estufa hasta que esté humeante. Vierta la crema caliente sobre la parte superior del chocolate picado en un tazón pequeño y cubra todo con una hoja de envoltura de plástico.

b) Después de 5 minutos, revuelve la mezcla hasta que quede suave y vierte una cucharada de ganache encima de cada hojaldre. Alternativamente, puede mojar las bolitas de crema.

c) El ganache se reafirmará a medida que fragüe, así que asegúrese de recalentarlo suavemente según sea necesario.

45. Panna cotta de naranja y gelatina de naranja

INGREDIENTES:
- Para la Panna Cotta:
- 1/2 taza de leche entera
- 1 y 1/4 taza de crema batida espesa
- 1 cucharadita de gelatina en polvo
- 1/4 taza de azúcar blanca
- 1/2 cucharadita de extracto de vainilla
- ralladura de una naranja
- Para la gelatina de naranja:
- 1/2 taza de jugo de naranja recién exprimido
- 2 y 1/2 cucharadita de gelatina en polvo
- 1/4 taza de azúcar blanca
- 1 taza de agua

INSTRUCCIONES:
a) Para hacer la Panna Cotta, divida la leche por la mitad y vierta la mitad en un tazón.
b) Espolvoree gelatina sobre la leche y deje reposar durante 15 minutos para que florezca (la gelatina que ha florecido con éxito se verá esponjosa)
c) Combine la mitad restante de la leche con la crema, la ralladura de naranja, la vainilla y el azúcar en una olla. Revuelva a fuego medio hasta que el azúcar se disuelva por completo. La mezcla debe calentarse pero no hervir.
d) Ahora retírelo del fuego y déjelo a un lado cubierto para que se remoje durante unos minutos (tal vez unos 15 minutos). la cobertura es esencial para conservar el sabor a naranja de la ralladura, así que no se la salte.
e) Vuelva a colocar la mezcla empapada en el fuego para que hierva a fuego lento, luego agregue la gelatina y la mezcla de leche y revuelva hasta que la gelatina se disuelva por completo. Usando un pequeño colador con orificios, tamice la mezcla y su brebaje de panacotta estará listo para llenar moldes, tazas de postre o vasos inmediatamente después de colar. Enfriar hasta que cuaje.

f) Unas 4 horas. Puedes colocar fácilmente tazas de postre en ángulo para ser creativo con tu panna cotta.

g) Para hacer la gelatina, hierva la gelatina en la mitad del jugo de naranja por 5 minutos

h) Hierva el agua y el azúcar a fuego alto hasta que tenga una consistencia de jarabe (no espesa), luego vierta esta mezcla sobre la gelatina en flor y mezcle para disolver completamente la gelatina. Agregue la mitad restante del jugo y deje que la mezcla se enfríe a temperatura ambiente.

i) Vierta la mezcla de gelatina enfriada sobre la panna cotta preparada. Puede verter una capa gruesa o delgada según lo desee. Deje que la gelatina se asiente en su panna cotta en el refrigerador durante aproximadamente media hora. PD: - la gelatina se endurecerá más rápido que Panna Cotta

j) Servir frío y disfrutar como postre.

46. Panna cotta de fresas con cacahuetes caramelizados

INGREDIENTES:
- 200 g de trocitos de fresa
- 60 g de azúcar
- Panna cotta
- 250ml Leche
- 2 cucharaditas de gelatina sin sabor
- 80 g de azúcar
- 1 paquete de cacahuetes triturados chikki

INSTRUCCIONES:

a) Tome una sartén, ponga trozos de fresa, agregue azúcar, mantenga la llama y cocine de 3 a 5 minutos una vez que el azúcar se derrita, luego la fresa se ablanda y forma una textura jugosa.

b) Calienta una sartén, vierte la leche, mantén la ebullición, agrega el azúcar, es decir, mientras tomas un tazón, pon la gelatina, vierte el agua, mezcla bien, reemplaza la gelatina en la leche, hierve 2 minutos.

c) Vierta en un molde, deje 30 minutos, luego vierta la salsa de fresa en un plato, vierta la salsa sobre él.

d) Decorar trozos de maní triturado, hojas de menta en él listo para servir

47. Panna cotta de fresa y kiwi

INGREDIENTES:
- 1 taza de leche
- 1 taza de crema fresca
- 1 cucharada de gelatina
- 3 cucharadas de azúcar
- 1 kiwi picado
- 2-3 fresas picadas

INSTRUCCIONES:
a) Poner la leche en una cacerola agregar la gelatina durante 4-5 minutos para ablandar la gelatina.
b) Ahora caliente la mezcla de leche hasta que la gelatina se disuelva pero la leche no hierva unos 4-5 minutos.
c) Agregue el azúcar y la crema, mezcle bien.
d) Retire del fuego y deje que se enfríe.
e) Vierta en los vasos y refrigere por 4-5 hrs pero no lo congele.
f) Cuando esté frío, decorar con kiwi picado y fresa.

48. Panna cotta de suero de leche con salsa de cítricos

INGREDIENTES:
- 1 taza de suero de leche
- 1/4 taza de azúcar
- 1/2 taza de crema espesa
- 1-2 hilos de Agar-Agar rotos aproximadamente

PARA LA SALSA DE CÍTRICOS
- 1 naranja
- 5-6 gajos de naranja
- 3-4 cucharadas de azúcar

INSTRUCCIONES:

a) Caliente la crema espesa y el azúcar en una olla. Agregue el Agar Agar ahora. Deja que se disuelva. Sigue revolviéndolo. Tardará de uno a dos minutos. No hierva. Debería estar caliente. Eso es todo. A esto agregue el suero de leche. Dale un revuelo rápido. Engrasa ligeramente el bol en el que lo vas a colocar.

b) Vierta la mezcla en él o en moldes de ramekin individuales como desee y déjelo reposar. Caliente el azúcar y el jugo de naranja en una cacerola a fuego medio-alto, revolviendo ocasionalmente hasta que el azúcar se disuelva. Agrega los gajos de naranja también.

c) Retíralo del fuego tan pronto como espese. Refrigere Panna Cotta durante al menos 2-3 horas o hasta que cuaje. Servir frío con salsa de cítricos.

49. Panna cotta de ciruelas

INGREDIENTES:
- 1 taza de Crema Fresca
- 1/4 taza de cuajada
- 3 cucharadas de azúcar
- 4-5 esencia de vainilla
- 1 cucharada de gelatina
- 5-6 ciruela
- 1/4 taza de azúcar
- 1/4 taza de agua

INSTRUCCIONES:

a) Poner la nata fresca y el azúcar en una cacerola y calentar a fuego lento hasta que el azúcar se disuelva. Apagar el fuego y reservar para que se enfríe.

b) Tome la gelatina en un tazón pequeño y agregue 2-3 cucharadas de agua hirviendo. Mezcle bien y reserve.

c) Mezcle el yogur con una batidora de mano hasta que quede suave.

d) Añadimos ahora el yogur a la mezcla de nata fresca y azúcar y mezclamos bien. Añadimos la gelatina y el extracto de vainilla y volvemos a mezclar todo bien. Colamos la mezcla con una muselina o en un colador y la pasamos a moldes ramekin o de silicona o moldes para muffins o cuencos de cristal como prefieras.

e) Refrigerarlo durante 2-3 horas o hasta que cuaje.

f) Hagamos un jarabe de ciruela fácil para cubrir. Quite las semillas de las ciruelas y transfiéralas a una cacerola con azúcar y agua.

g) Hervir durante 5-10 minutos o hasta que el azúcar se disuelva y reservar para que se enfríe. Licúe todo hasta obtener un puré suave y vuelva a calentar durante otros 5-7 minutos. Su salsa de ciruelas está lista.

h) Guárdelo dentro de la nevera una vez y utilícelo cuando sea necesario.

i) Ahora el último paso es preparar tu Pana Cotta.

j) Desmolde su Pana Cotta en un plato para servir y cúbralo con el jarabe de ciruela frío y rodajas de ciruela fresca.

50. Mango Panna Cotta con decoración de azúcar hilado

INGREDIENTES:
CAPA DE MANGO:
- 2 tazas de puré de mango
- 2 cucharadas de agar agar/gelatina/china gras
- 2 cucharadas de agua caliente

PARA LA CAPA DE CREMA:
- 1 taza de leche entera
- 1 taza de crema
- Extracto de vainilla
- Pizca de sal
- 1/2 taza de azúcar
- 2 cucharadas de hierba china
- 2 cucharadas de agua caliente

DECORACIÓN DE AZÚCAR
- 2 cucharadas de azúcar

INSTRUCCIONES:

a) Tome un tazón grande, agregue hierba china y agua y déjelo en remojo durante 15 minutos. Después de eso, mézclalo completamente. Una vez disuelto agrega el puré de mango y mezcla. Asegúrate de que esté completamente mezclado. Tome un vaso para servir, manténgalo en un tazón en dirección transversal y vierta la mezcla de mango ligeramente y refrigere por 2 horas.

b) Para la capa de crema, remoje 2 cucharadas de gelatina en agua caliente y reserve. He tomado crema casera. (Una taza de crema se mantiene en el congelador durante media hora. Después de eso, mezcle en la batidora y obtendrá crema fresca). Caliente 1 taza de leche, agregue azúcar y reserve. El azúcar debe disolverse por completo y la leche debe estar fría. Ahora agregue el extracto de vainilla y mezcle bien. Tome un recipiente, agregue la crema, la gelatina dulce de leche, el agua disuelta y mezcle bien, toda la mezcla debe mezclarse correctamente.

c) Tome un vaso de puré de mango del refrigerador, agregue una capa de crema y vuelva a configurar durante 2 horas hasta que cuaje por completo. Decorar con unos mangos picados

d) Tome una cacerola agregue azúcar y caliéntela hasta que hierva sin remover un color caramelo medio. Retire del fuego y vierta el caramelo en una bandeja de grasa y haga el diseño de su elección. Deje que se asiente y se rompa en fragmentos.

51. Panna cotta de coco con glaseado de piña

INGREDIENTES:
- 1 taza de leche de coco
- 1 taza de crema espesa
- 1 1/4 cucharadita de agar agar
- 3 cucharadas de azúcar
- 1 taza de piña
- 1 cucharada de mantequilla
- 1 cucharada de azúcar moreno

INSTRUCCIONES:
a) Agregue la crema, la leche de coco y el agar agar a una sartén grande. Batir hasta que se mezclen y reservar durante 15 minutos.
b) Agregue el azúcar a la sartén y mezcle bien. Luego enciende el fuego a medio. Calienta hasta que se disuelva el azúcar y el agar, mezclando constantemente hasta que esté a punto de comenzar a hervir.
c) Calentar durante otros 3-4 minutos a fuego lento, mezclando constantemente y apagar el fuego.
d) Use un puré fino y filtre la mezcla en un recipiente limpio. Vierta la mezcla en un vaso de su elección y refrigere hasta que la panna cotta esté lista.
e) Para hacer el glaseado de piña, agregue la mantequilla y el azúcar moreno a una sartén y caliente a fuego medio. Sigue revolviendo hasta que la mantequilla se derrita y el azúcar se disuelva.
f) Ahora agregue la piña (la corté finamente, si quiere mantenga trozos más grandes) a la sartén, mezcle bien y continúe cocinando hasta que la piña esté tierna.
g) Si la piña no es dulce necesitas usar un poco más de azúcar. Refrigere hasta que se enfríe.
h) Agregue el glaseado de piña encima de la panna cotta y sirva frío. Disfrutar.

52. Delicia de Panna Cotta Tricolor

INGREDIENTES:
PARA CAPA DE MANGO
- 1 taza de puré de mango
- 2 cucharadas de agua
- 1 cucharadita de gelatina sin sabor o use 4 g de hierba china/agar agar
- al gusto Azúcar

PARA CAPA VERDE (KHAS)
- 1 taza de crema espesa
- 2-3 cucharadas de jarabe de khas
- al gusto Azúcar
- 1 cucharadita de gelatina
- según sea necesario Unas gotas de colorante alimentario verde (opcional)

PARA LA CAPA DE CREMA DE VAINILLA
- 1 taza de crema espesa
- al gusto Azúcar
- 1/2 cucharadita de esencia de vainilla
- 1 cucharadita de gelatina

INSTRUCCIONES:
PARA CAPA DE MANGO
a) Primero, en un tazón pequeño, agregue gelatina y 2 cucharadas de agua, mezcle bien y déjelo reposar durante 5 minutos para que florezca. En una sartén agrega el puré de mango, la gelatina y caliéntalo durante 2 -3 minutos a fuego lento.
b) Apague el fuego y vierta la mezcla en cualquier forma de molde / vasos de su elección y guárdelo en el refrigerador para que cuaje por completo.
PARA CAPA KHAS
c) En un tazón pequeño, agregue la gelatina, mezcle bien y déjela reposar durante 5 minutos para que florezca. Luego, en una cacerola, agregue la crema espesa, el azúcar y cocine a fuego medio hasta que el azúcar se disuelva.

d) Cuando la mezcla alcance el punto de ebullición, apague el fuego, agregue el jarabe de khas, unas gotas de colorante verde, (opcional) la gelatina florecida y revuelva hasta que se disuelva por completo.

e) Deje que se enfríe a temperatura ambiente y luego vierta esta mezcla sobre la capa de mango y vuelva a guardarlo en el refrigerador para que cuaje.

PARA CAPA DE VAINILLA

f) En un tazón pequeño, agregue la gelatina, mezcle bien y déjela reposar durante 5 minutos para que florezca. Luego, en una cacerola, agregue la crema espesa, el azúcar y cocine a fuego medio hasta que el azúcar se disuelva.

g) Cuando la mezcla alcance el punto de ebullición, apaga el fuego, agrega la gelatina florecida con extracto de vainilla y revuelve hasta que se disuelva por completo. Deje que se enfríe a temperatura ambiente y luego vierta esta mezcla sobre la capa de khas y vuelva a guardarlo en el refrigerador para que cuaje por completo.

h) La deliciosa Panna Cotta Delight de 3 capas está lista para servir.

53. Mango Lassi Panna Cotta

INGREDIENTES:

- 2 mangos grandes
- 1/4 taza de leche
- 2/3 taza de yogur
- 1 taza de crema espesa
- 2 cucharadas de azúcar
- 1 cucharadita de polvo de agar agar
- 1 cucharadita de cardamomo en polvo
- 3-4 hebras de azafrán

INSTRUCCIONES:

a) Remojar el polvo de Agar Agar en suficiente agua para que se empape bien. Es necesario.

b) Haga puré de mango pelándolo, córtelo en rodajas y agréguelo a una licuadora para hacer un puré.

c) En una cacerola agregue la leche y la crema de leche y deje hervir a fuego medio.

d) Agregue el cardamomo en polvo y las hebras de azafrán. Agregue el puré de mango y el yogur y bata bien mientras está en llamas. Dejar de lado

e) Enfriar durante 2-3 minutos y colar la mezcla de mango.

f) Engrasar los moldes. Verter en moldes y refrigerar durante la noche.

g) Adorne con rodajas pequeñas de mango y hojas de menta y disfrute

54. Panna Cotta de Leche de Coco y Naranja

INGREDIENTES:
- 250ml Leche de Coco
- 4-5 cucharadas de azúcar
- 1 naranja
- 2-3 hilos Agar-Agar
- 1/2 taza de agua

INSTRUCCIONES:

a) Hervir la leche de coco a fuego lento con el azúcar añadido junto con el jugo de naranja recién exprimido junto con su cáscara. Dejar de lado. Mientras tanto, agregue media taza de agua a las hebras de Agar-Agar que se cortan en pedazos pequeños. Llévalo a ebullición a fuego alto al principio y luego deja que hierva a fuego lento durante unos 4-5 minutos.

b) Es importante que esté absolutamente disuelto y sea casi transparente. Entonces está listo para ser mezclado con leche de coco y jugo de naranja.

c) Mezclar bien. Agregue esto a cualquier plato de vidrio o a un molde para pasteles, lo que sea útil. Deje que se enfríe un poco manteniéndolo en un lugar fresco. Luego refrigérala hasta que se enfríe.

d) ¡Rebana y disfruta!

55. panna cotta de granada

INGREDIENTES:
- 1/2 paquete de nata fresca
- 1 cucharada de azúcar
- 11/2 taza de leche
- 1 cucharadita de gelatina
- 1 taza de jugo de granada
- 1 cucharadita de esencia de vainilla

INSTRUCCIONES:
a) Espolvorear gelatina sobre la leche y reposar 10 minutos
b) Calentar la nata agregar azúcar y esencia de vainilla
c) Mezcle la mezcla de gelatina vierta en un vaso
d) Poner en la nevera durante la noche
e) Caliente el jugo de granada, agregue la mezcla de gelatina y viértala sobre su panna cotta.
f) Poner en la nevera durante toda la noche.
g) Decorar con granadas frescas

56. Panna cotta verde y blanca

INGREDIENTES:
- 1 paquete de gelatina de plátano verde
- 2 taza de agua
- 1/3 taza de agua hervida
- 3 cucharaditas de gelatina
- 400 ml de crema
- 5 cucharadas de azúcar o al gusto
- 1 cucharadita de esencia de vainilla

INSTRUCCIONES:
a) Hierva el agua, agregue la gelatina y revuélvala.
b) Coloque una gelatina en vasos pequeños en el refrigerador durante 1/2 hora.
c) Disolver la gelatina en agua caliente.
d) Añadir el azúcar y mezclar bien.
e) Agregue esencia de vainilla y mezcle bien.
f) Agregue la crema y mezcle bien.
g) Viértalo en el refrigerador de gelatina verde nuevamente en 1/2 hora.

57. Panna cotta de yogur griego con puré de dátiles

INGREDIENTES:
PARA LA PANCOTA:
- 1 taza de crema espesa
- 1/3 taza de azúcar
- 1/8 cucharadita de sal
- 1 cucharadita de extracto de vainilla
- 1 sobre de gelatina sin sabor
- 2 tazas de yogur griego

PARA EL PURÉ DE DÁTILES:
- 2 tazas de dátiles (deshuesados y remojados en agua y luego hacer una pasta en la licuadora)
- al gusto de azúcar
- 1 cucharada de maicena

INSTRUCCIONES:

a) En un tazón pequeño mezcle 1 sobre de gelatina con 3 cucharadas de agua y deje reposar por 5 minutos.

b) En una cacerola, mezcle la crema espesa, el azúcar, la sal y el extracto de vainilla. Cocine durante unos 5 minutos (revolviendo constantemente) a fuego medio hasta que el azúcar se disuelva por completo. No es necesario que hierva, pero caliéntelo lo suficiente como para mezclar todos los ingredientes.

c) Apague la estufa y agregue la gelatina disuelta a la mezcla, bátala hasta que esté bien combinada.

d) Agregue 2 tazas de yogur griego y revuelva muy bien hasta que tenga una consistencia suave.

e) Divida esta mezcla en 4 vasos y refrigere por un par de horas.

PURÉ DE DÁTILES:

f) En una cacerola, mezcle el puré de dátiles y el azúcar, llévelo a ebullición y cocine durante unos 3-4 minutos.

g) Mezcla la maicena con 3 cucharadas de agua y agrégala a la salsa. Revuelva bien durante un minuto y luego apague el fuego. Deje que la salsa se enfríe y luego colóquela encima de la Panna Cotta fría.

h) Cubra con una envoltura de plástico y refrigere por un par de horas más.

i) Antes de servir el postre, cúbralo con dátiles picados y hojas de menta.

58. Panna cotta de caqui

4 porciones

INGREDIENTES:
- 400 ml de nata para montar
- 1/3 taza de azúcar o según tu gusto
- 3 cucharaditas de gelatina o Ager Ager
- Para puré de caqui
- 1/4 taza de agua
- 2 caquis medianos
- 2 cucharaditas de Ager Ager o gelatina

INSTRUCCIONES:
a) En una cacerola pequeña calentar 350 ml de nata para montar. Tamizar el azúcar y revolver suavemente.
b) En un recipiente aparte, mezcle el agar agar con 50 ml de crema batida tibia, mezcle bien ahora, agregue esta mezcla en una sartén para obtener una mezcla cremosa durante 2 minutos, revolviendo. Dejar enfriar un poco.
c) Rellene 4 vasos hasta el borde y deje reposar la panna cotta en el frigorífico, aproximadamente una hora.
d) Cortar el caqui y quitarle la piel. Mézclelo con agua si es necesario hasta obtener un puré.
e) Disuelva 2 cucharaditas de polvo de agar en 25 ml de agua tibia, agréguelo al puré de caqui. Revuelva bien.
f) Llene el espacio restante en los vasos con puré de caqui. Dejar reposar en la nevera durante unas 2 a 4 horas o hasta que cuaje por completo.

59. Panna cotta de Natillas y Sandía

Rinde: 4 porciones

INGREDIENTES:
- 500 ml de leche
- 1 cucharada sopera de natillas en polvo -
- Azúcar - según tu gusto
- Sandía - 1 tazón grande, sin semillas y cortada en trozos
- 1/2 cucharada de sal de roca
- 1 cucharada de hojas de menta
- 1 cucharada de jugo de limón

INSTRUCCIONES:
a) Tome 1/2 taza de leche, agregue las natillas en polvo y mezcle bien.
b) Hervir la leche, agregar la crema pastelera y el azúcar.
c) Después de 5 minutos apague el gas.
d) Enfriar la mezcla.
e) Tome 4 vasos, agregue la crema pastelera y deje reposar en el congelador durante 4-5 horas.
f) Tome un frasco, agregue trozos de sandía, sal de roca, hojas de menta y jugo de limón y sosa.
g) Ahora agregue esta mezcla en vasos de crema pastelera y déjelos en el congelador durante 4-5 horas.
h) Decorar con hojas de menta y servir frío.

60. Compota De Pera En Gelatina Con Panna Cotta

Rinde: 8 porciones

INGREDIENTES:
COMPOTA DE PERA EN GELATINA:
- 2 peras asiáticas
- 200 ml de vino blanco
- 60 gramos de azúcar
- 10 ml de jugo de limón
- 2 gramos de hojas de gelatina

PANNA COTTA
- 200ml Crema espesa
- 200 ml) de leche
- 30 gramos de azúcar
- 30 gramos Miel
- 6 gramos de hojas de gelatina

INSTRUCCIONES:
Hacer la compota de pera

a) Corta las peras en 16 gajos cada una y colócalas en una sartén junto con los ingredientes. Comience a cocinar a fuego alto.

b) Llevar a ebullición para evaporar el alcohol en el vino blanco, luego cocine a fuego medio hasta que las peras se vuelvan transparentes. Quita cualquier escoria también.

c) Las peras se volverán translúcidas en unos minutos. Apagar el fuego y dejar enfriar en la sartén.

d) Cuando se haya enfriado a temperatura ambiente, transfiera las peras con el líquido para escalfar a un recipiente de almacenamiento y enfríe en el refrigerador.

Hacer la panna cotta:

e) Remoje los 6 g de hojas de gelatina para la panna cotta durante unos 20 minutos en agua.

f) Caliente los ingredientes a fuego medio. Sigue revolviendo hasta que el azúcar se haya disuelto por completo y apaga el fuego. Absolutamente no dejes que hierva.

g) Agregue las hojas de gelatina remojadas a la mezcla de panna cotta y disuelva la gelatina por completo. Colar la mezcla en tazas.

h) Cubra con tapas y enfríe hasta que cuaje en el refrigerador.

Hacer la gelatina:

i) Calentar el almíbar de la compota de pera; no dejes que hierva. Añadir los 2 g de hojas de gelatina reservadas para la gelatina, previamente remojadas en agua.

j) Verter en un recipiente y llevar a la heladera hasta que cuaje.

k) Coloque la compota de pera encima de la panna cotta. Agrega la gelatina encima para terminar.

l) La compota de pera es deliciosa por sí sola, por supuesto.

61. Panna cotta con salsa de caramelo

Rinde: 6 porciones

INGREDIENTES::
- 1 taza de azúcar
- 1 taza de agua; o más
- 1 taza de agua
- 2 cucharadas de agua
- 4 cucharaditas de gelatina sin sabor
- 5 tazas de crema para batir
- 1 taza de leche
- 1 taza de azúcar en polvo
- 1 vaina de vainilla; dividir a lo largo

INSTRUCCIONES:
PARA LA SALSA:

a) Combine 1 taza de azúcar y ½ taza de agua en una cacerola mediana pesada a fuego lento. Revuelva hasta que el azúcar se disuelva. Aumente el fuego y hierva sin revolver hasta que el almíbar se vuelva ámbar, agitando ocasionalmente la sartén y cepillando los lados con una brocha de repostería húmeda, aproximadamente 8 minutos. Retire la sartén del fuego.

b) Agregue con cuidado ½ taza de agua. Vuelva a calentar la sartén y deje hervir, revolviendo para disolver los pedacitos de caramelo, aproximadamente 2 minutos.

c) Fresco.

PARA EL PUDÍN:

d) Vierta 2 cucharadas de agua en un tazón pequeño. Espolvorear con gelatina. Deje reposar hasta que se ablande, unos 10 minutos. Mezcle la crema, la leche y el azúcar en una cacerola grande y pesada. Raspe las semillas de la vaina de vainilla; agregar frijol.

e) Llevar a ebullición, revolviendo con frecuencia. Alejar del calor. Agregue la mezcla de gelatina y revuelva para disolver. Retire la vaina de vainilla. Transfiera la mezcla a un tazón. Coloque el tazón sobre un tazón más grande de agua helada. Deje reposar hasta que se enfríe, revolviendo ocasionalmente, unos 30 minutos. Divida el budín en partes iguales entre seis tazas de flan de 10 onzas. Cubra y refrigere durante la noche.

f) Desmolde los postres en platos. Rocíe con salsa de caramelo y sirva.

62. Panna cotta de chocolate

Rinde: 5 porciones

INGREDIENTES::
- 500 ml de nata espesa
- 10 g de gelatina
- 70 g de chocolate negro
- 2 cucharadas de yogur
- 3 cucharada de azúcar
- una pizca de sal

INSTRUCCIONES:
a) En una pequeña cantidad de crema, remoje la gelatina.
b) En una cacerola pequeña, vierta la crema restante. Lleve a ebullición el azúcar y el yogur, revolviendo de vez en cuando, pero no hierva. Retire la sartén del fuego.
c) Agregue el chocolate y la gelatina hasta que se disuelvan por completo.
d) Rellenar los moldes con la masa y refrigerar durante 2-3 horas.
e) Para desmoldar la panna cotta, pásala por agua caliente unos segundos antes de sacar el postre.
f) ¡Decora a tu gusto y sirve!

63. flan de caramelo

Rinde: 1 porciones

INGREDIENTES:
- ½ taza de azúcar granulada
- 1 cucharadita de agua
- 4 yemas de huevo o 3 huevos enteros
- 2 tazas de leche, escaldada
- ½ cucharadita de extracto de vainilla

INSTRUCCIONES:
a) En una sartén grande, combine 6 cucharadas de azúcar y 1 taza de agua. Calentar a fuego lento, agitando o removiendo de vez en cuando con una cuchara de madera para evitar que se queme, hasta que el azúcar se dore.
b) Vierta el jarabe de caramelo en una fuente para hornear poco profunda (8x8 pulgadas) o en un molde para pastel lo antes posible. Dejar enfriar hasta que esté duro.
c) Precaliente el horno a 325 grados Fahrenheit.
d) Batir las yemas de huevo o los huevos enteros juntos. Mezcle la leche, el extracto de vainilla y el azúcar restante hasta que esté completamente combinado.
e) Vierta el caramelo enfriado encima.
f) Coloque la fuente para hornear en un baño de agua caliente. Hornee durante 1-112 horas, o hasta que el centro esté firme. Genial, genial, genial.
g) Para servir, invierta en un plato de servir con cuidado.

64. Duraznos horneados a la italiana

Rinde: 1 porciones

INGREDIENTES:
- 6 duraznos maduros
- ⅓ taza de azúcar
- 1 taza de almendras molidas
- 1 yema de huevo
- ½ cucharadita de extracto de almendras
- 4 cucharadas de mantequilla
- ¼ taza de almendras rebanadas
- Crema espesa, opcional

INSTRUCCIONES:
a) Precaliente el horno a 350 grados Fahrenheit. Los duraznos deben enjuagarse, partirse por la mitad y deshuesarse. En un procesador de alimentos, haga puré 2 de las mitades de durazno.
En un plato para mezclar, combine el puré, el azúcar, las almendras molidas, la yema de huevo y el extracto de almendras. Para hacer una pasta suave, combine todos los ingredientes en un tazón.
b) Vierta el relleno sobre cada mitad de durazno y coloque las mitades de durazno rellenas en una bandeja para hornear untada con mantequilla.
c) Espolvorea con almendras en rodajas y unta la mantequilla restante sobre los duraznos antes de hornear durante 45 minutos.
d) Sirva caliente o frío, con una guarnición de crema o helado.

65. budín de miel

Rinde: 6 porciones

INGREDIENTES:
- ¼ taza de mantequilla sin sal
- 1½ taza de leche
- 2 huevos grandes; ligeramente batido
- 6 rebanadas de pan de campo blanco; rasgado
- ½ taza Claro; miel fina, además
- 1 cucharada clara; miel delgada
- ½ taza de agua caliente; más
- 1 cucharada de agua caliente
- ¼ de cucharadita de canela molida
- ¼ cucharadita de vainilla

INSTRUCCIONES:
a) Precaliente el horno a 350 grados y use un poco de mantequilla para enmantequillar un molde para pastel de vidrio de 9 pulgadas. Bate la leche y los huevos, luego agrega los pedazos de pan y voltéalos para cubrirlos uniformemente.
b) Deje el pan en remojo durante 15 a 20 minutos, dándole la vuelta una o dos veces. En una sartén antiadherente grande, caliente la mantequilla restante a fuego medio.
c) Freír el pan empapado en la mantequilla hasta que esté dorado, de 2 a 3 minutos por cada lado. Transfiera el pan a la fuente para hornear.
d) En un tazón, combine la miel y el agua caliente y revuelva hasta que la mezcla se mezcle uniformemente.
e) Agregue la canela y la vainilla y rocíe la mezcla sobre y alrededor del pan.
f) Hornear durante unos 30 minutos, o hasta que estén doradas.

66. Semifrío Congelado De Miel

Rinde: 8 porciones

INGREDIENTES:
- 8 onzas de crema espesa
- 1 cucharadita de extracto de vainilla
- ¼ de cucharadita de agua de rosas
- 4 huevos grandes
- 4 ½ onzas de miel
- ¼ de cucharadita más ⅛ de cucharadita de sal kosher
- Coberturas como frutas en rodajas, nueces tostadas, semillas de cacao o chocolate rallado

INSTRUCCIONES:
a) Precaliente el horno a 350°F. Cubra un molde para pan de 9 por 5 pulgadas con una envoltura de plástico o papel pergamino.
b) Para el Semifreddo, en el tazón de una batidora de pie equipada con un batidor, bata la crema, la vainilla y el agua de rosas hasta que estén firmes.
c) Transfiera a un tazón o plato separado, cubra y enfríe hasta que esté listo para usar.
d) En el tazón de una batidora de pie, mezcle los huevos, la miel y la sal. Para mezclar, use una espátula flexible para mezclar todo.
e) En un recipiente de acero inoxidable, cocine, revolviendo y raspando regularmente con una espátula flexible, hasta que se caliente a 165 °F, aproximadamente 10 minutos.
f) Transfiera la mezcla a una batidora de pie equipada con un accesorio para batir una vez que alcance los 165 ° F. Batir los huevos a fuego alto hasta que estén espumosos.
Batir suavemente la mitad de la crema batida preparada a mano. Agregue los ingredientes restantes, mezcle rápidamente, luego mezcle con una espátula flexible hasta que estén bien mezclados.
g) Viértalo en un molde para pan preparado, cúbralo bien y congélelo durante 8 horas o hasta que esté lo suficientemente sólido como para rebanarlo, o hasta que la temperatura interna alcance los 0 °F.
h) Invierta el semifrío en un plato frío para servir.

67. Sabayón

Hace: 4

INGREDIENTES:
- 4 yemas de huevo
- ¼ de taza) de azúcar
- ½ taza de Marsala Dry u otro vino blanco seco
- unas ramitas de menta fresca

INSTRUCCIONES:

l) En un recipiente resistente al calor, mezcle las yemas y el azúcar hasta obtener un color amarillo pálido y brillante. El Marsala entonces debe ser incorporado.

m) Lleve a ebullición una olla mediana llena hasta la mitad de agua. Comience a batir la mezcla de huevo y vino en el recipiente resistente al calor encima de la olla.

n) Continúe batiendo durante 10 minutos con batidores eléctricos (o un batidor) sobre agua caliente.

o) Use un termómetro de lectura instantánea para asegurarse de que la mezcla alcance los 160 °F durante el período de cocción.

p) Retire del fuego y sirva con un cucharón el zabaglione sobre la fruta preparada, adornando con hojas de menta fresca.

q) Zabaglione es igualmente delicioso servido sobre helado o solo.

68. Afhogato

Hace: 1

INGREDIENTES:
- 1 bola de helado de vainilla
- 1 trago de espresso
- Un chorrito de salsa de chocolate, opcional

INSTRUCCIONES:
a) En un vaso, pon una bola de helado de vainilla y 1 shot de espresso.
b) ¡Atender!

69. Helado de avena y canela

Hace alrededor de 1 cuarto

INGREDIENTES:
- Base de helado en blanco
- 1 taza de avena
- 1 cucharada de canela molida

INSTRUCCIONES:
a) Prepare la base en blanco de acuerdo con las instrucciones.
b) En una sartén pequeña a fuego medio, combine la avena y la canela. Tostar, revolviendo regularmente, durante 10 minutos o hasta que esté dorado y aromático.
c) Para infundir, agregue la canela tostada y la avena a la base a medida que salen de la estufa y deje reposar durante unos 30 minutos. Usando un colador de malla colocado sobre un tazón; cuele los sólidos, presionando para asegurarse de obtener la mayor cantidad posible de crema con sabor. Puede que salga un poco de pulpa de avena, pero está bien, ¡es deliciosa! ¡Reserve los sólidos de avena para la receta de avena!
d) Perderá algo de mezcla debido a la absorción, por lo que la producción de este helado será un poco menor de lo habitual.

e) Guarde la mezcla en su refrigerador durante la noche. Cuando esté listo para hacer el helado, vuelva a mezclarlo con una licuadora de inmersión hasta que quede suave y cremoso.
f) Vierta en una máquina para hacer helados y congele de acuerdo con las instrucciones del fabricante. Almacenar en un recipiente hermético y congelar durante la noche.

70. Helado de chocolate doble

Hace: 4-6

INGREDIENTES:
- ½ taza de crema espesa
- 2 tazas de leche
- ¾ taza de azúcar
- ¼ cucharadita de sal
- 7 onzas de chocolate negro de alta calidad
- 1 cucharadita de extracto de vainilla
- Mantequilla de coco

INSTRUCCIONES:

a) El primer paso se realiza derritiendo el chocolate y luego enfriándolo un poco. Coloque la leche, la crema y la mantequilla en un tazón y mezcle hasta que estén bien combinados.

b) Mezcle el azúcar con un batidor y sal. Continúe batiendo durante unos 4 minutos hasta que el azúcar y la sal se disuelvan. Luego mezcle el extracto de vainilla.

c) Finalmente, mezcle el chocolate hasta que esté bien combinado. Vierta los ingredientes en su máquina para hacer helados y déjela batir durante 25 minutos.

d) Coloque el helado en un recipiente hermético y colóquelo en el congelador hasta por 2 horas, hasta que deseese alcanza la consistencia d.

71. Helado de cereza y fresa

Hace: 4-6

INGREDIENTES:
- ½ taza de crema espesa
- 2 tazas de leche
- ¾ taza de azúcar
- Mantequilla de coco
- 1 taza de fresas en rodajas
- 1 cucharada de extracto de vainilla

INSTRUCCIONES:

a) Usando una licuadora, haga puré bien la fresa. Coloque la leche, la crema y la mantequilla en un tazón y mezcle hasta que estén bien combinados. Mezcle el azúcar con un batidor.

b) Continúe batiendo durante unos 4 minutos hasta que el azúcar se disuelva. Luego mezcle el extracto de vainilla y el puré de fresa.

c) Vierta los ingredientes en su máquina para hacer helados y déjela batir durante 25 minutos.

d) Coloque el helado en un recipiente hermético y colóquelo en el congelador por hasta 2 horas, hasta que alcance la consistencia deseada.

72. Estratos de croissant de mantequilla con prosciutto

Hace: 8

INGREDIENTES:
- 3 cucharadas de mantequilla salada, en rodajas finas, y más para engrasar
- 6 croissants, cortados en tercios
- 8 huevos grandes
- 3 tazas de leche entera
- 1 cucharada de mostaza Dijon
- 1 cucharada de salvia fresca picada
- ¼ de cucharadita de nuez moscada recién rallada
- Sal kosher y pimienta recién molida
- 12 onzas de espinacas congeladas, descongeladas y exprimidas
- 1½ tazas de queso Gouda rallado
- 1½ tazas de queso Gruyere rallado
- 3 onzas de prosciutto en rodajas finas, desgarrado

INSTRUCCIONES:

a) Precaliente el horno a 350°F. Engrase una fuente para hornear de 9 × 13 pulgadas.

b) Coloque los croissants en el fondo de la fuente para hornear y cúbralos con la mantequilla en rodajas. Hornee hasta que esté ligeramente tostado, de 5 a 8 minutos. Retire y deje enfriar en la sartén hasta que ya no esté caliente al tacto, aproximadamente 10 minutos.

c) En un tazón mediano, mezcle los huevos, la leche, la mostaza, la salvia, la nuez moscada y una pizca de sal y pimienta. Agregue las espinacas y ¾ de taza de cada queso. Vierta con cuidado la mezcla sobre los croissants tostados, distribuyéndola uniformemente. Cubra con el queso restante y agregue el prosciutto para terminar. Cubra y refrigere por al menos 30 minutos o toda la noche.

d) Cuando esté listo para hornear, retire los estratos del refrigerador y precaliente el horno a 350 °F.

e) Hornee hasta que el centro de los estratos esté firme, unos 45 minutos. Si los croissants comienzan a dorarse antes de que los estratos terminen de cocinarse, cúbralos con papel aluminio y continúe horneando.

f) Retire los estratos del horno y deje enfriar durante 5 minutos antes de servir.

73. Tarta de melocotón balsámico y queso brie

Hace: 6

INGREDIENTES:
- 1 hoja de hojaldre congelado, descongelado
- ⅓ taza de pesto de limón y albahaca
- 1 rueda (8 onzas) de queso Brie, con cáscara y rebanadas
- 2 duraznos maduros, en rodajas finas
- Aceite de oliva virgen extra
- Sal kosher y pimienta recién molida
- 3 onzas de prosciutto en rodajas finas, desgarrado
- ¼ taza de vinagre balsámico
- 2 a 3 cucharadas de miel
- Hojas de albahaca fresca, para servir

INSTRUCCIONES:
a) Precaliente el horno a 425°F. Cubra una bandeja para hornear con borde con papel pergamino.
b) Extienda suavemente la masa de hojaldre sobre una superficie de trabajo limpia hasta que tenga un grosor de 1/8 de pulgada y transfiérala a la bandeja para hornear preparada. Pincha toda la masa con un tenedor, luego esparce el pesto uniformemente sobre la masa, dejando un borde de ½ pulgada.
c) Coloque el queso Brie y los duraznos sobre el pesto y rocíe ligeramente con aceite de oliva. Sazone con sal y pimienta y cubra con el prosciutto.
d) Espolvorea los bordes de la masa con pimienta.
e) Hornee hasta que la masa esté dorada y el prosciutto esté crujiente, de 25 a 30 minutos.
f) Mientras tanto, en un tazón pequeño, mezcle el vinagre y la miel.
g) Retire la tarta del horno, cubra con hojas de albahaca y rocíe con la mezcla de miel. Cortar en trozos y servir tibio.

74. Tarta de cebolla y prosciutto

Rinde: 8 porciones

INGREDIENTES:
- ½ libra de hojaldre
- 4 cebollas grandes; Cortado
- 3 onzas de jamón serrano; cortado en cubitos
- ½ cucharadita de tomillo
- ½ cucharadita de romero
- 2 cucharadas de aceite de oliva
- 12 aceitunas negras en aceite grandes; deshuesado
- Pimienta negra recién molida
- Sal si es necesario
- 1 huevo

INSTRUCCIONES:
a) Cocine las cebollas en aceite con hierbas hasta que las cebollas estén transparentes. Agregue el prosciutto y cocine por 3 minutos. Sazonar con pimienta y comprobar la sal. Enfriar.
b) Estire la masa en un rectángulo de 11" por 9. Corte 4 tiras de masa para hacer los bordes y presiónelas en los bordes del rectángulo.
c) Transfiera a una bandeja para hornear galletas y rocíe los bordes con huevo batido. Enfriar ½ hora. Precaliente el horno a 425. Extienda la mezcla de cebolla sobre la masa preparada. hornear 30 minutos.
d) Reduzca el fuego a 300, decore la tarta con aceitunas en rodajas y continúe horneando otros 15 minutos.

75. Pan de tomate con aceitunas y prosciutto

Rinde: 1 porciones

INGREDIENTES:
- 1 libra de pan, 1 1/2 libra de pan
- 1 taza de agua
- 2 cucharadas de aceite vegetal
- ⅓ taza de tomate maduro
- ⅓ taza de aceitunas, alfonse sin hueso u otras aceitunas curadas con vino
- ⅓ taza de prosciutto, rallado
- 2 cucharaditas de azúcar
- ½ cucharadita de salvia
- 1 cucharadita de sal
- ⅓ taza de harina de centeno
- 1½ taza de harina de trigo integral
- 1½ taza de harina de pan
- 1½ cucharadita de levadura

INSTRUCCIONES:
a) Hornee según las instrucciones del fabricante.

76. Popovers de prosciutto y naranja

Rinde: 6 porciones

INGREDIENTES:
- 1 taza de harina
- ¼ de cucharadita de sal
- 1 taza de leche
- 2 huevos; ligeramente batido
- 1 cucharada de margarina derretida
- 2 rebanadas de jamón serrano; recortado de grasa extra; picado muy fino
- 1 naranja grande; cáscara finamente rallada de

INSTRUCCIONES:
a) Coloque la sartén en el horno y precaliente a 450 grados. Retire la sartén del horno tan pronto como esté caliente.
b) Revuelva la harina y la sal. Batir la leche, los huevos y la margarina derretida hasta que la mezcla esté suave. No superes. Agregue el prosciutto y la cáscara de naranja.
c) Vierta la masa en la sartén caliente y hornee en el horno precalentado durante 15 minutos. Encienda el fuego a 350 grados y continúe horneando de 15 a 20 minutos, hasta que se hinche y se dore. Nunca abra la puerta del horno durante el tiempo de horneado ya que los popovers se desinflarán.
d) Retire del horno y pase un cuchillo alrededor de cada popover.
e) Retire de la sartén y perfore cada uno con un cuchillo.

77. jamón confitado

INGREDIENTES:
- 3 tazas de azúcar
- 1 1/2 tazas Prosciutto di Parma rebanadas, picadas

INSTRUCCIONES:
a) Derrita el azúcar lentamente en una cacerola mediana, agregue el prosciutto y mezcle durante 3 minutos.
b) Extienda la mezcla sobre una bandeja con cera o papel pergamino.
c) Dejar enfriar y desmenuzar para desmenuzar.

78. Torta de papas con muzzarella y prosciutto

Hace: 6

INGREDIENTES:
- Torta de papas con muzzarella y prosciutto
- 1/2 taza (35 g) de pan rallado fresco
- 900 gramos de papas, peladas
- 1/2 taza (125 ml) de leche caliente
- 60 gramos de mantequilla, cortada en cubos
- 2/3 taza (50 g) de queso parmesano rallado
- 2 huevos
- 1 yema de huevo
- 1 taza (100 g) de mozzarella rallada
- 100 gramos de prosciutto, cortado en cubitos
- rúcula bebé, para servir

INSTRUCCIONES:
a) Precalentar el horno a temperatura muy alta, 200 °C (180 °C con ventilador).
b) Engrasar un molde desmontable de 20 cm con mantequilla; espolvorea la base con un tercio de las migas de pan.
c) Cocine las papas en una cacerola con agua hirviendo con sal durante 15 minutos, hasta que estén tiernas. Drenar; volver a la sartén 1 minuto, hasta que se seque.
d) Haga un puré de papas, agregue la leche y la mitad de la mantequilla. Agregue el queso parmesano, el huevo y la yema de huevo; estación.
e) Unte la sartén preparada con la mitad de la mezcla de papas. Cubre con mozzarella y prosciutto; Cubra con la mezcla de papa restante. Untar con la mantequilla restante; espolvorear con el pan rallado restante.
f) Hornee por 30 minutos, hasta que esté dorado y tibio; reposar la torta 10 minutos. Cortar y servir con rúcula.

79. Panna Cotta De Guisantes Verdes Con Prosciutto

Rinde: 8-10 porciones

INGREDIENTES
PANNA COTTA DE GUISANTES VERDES:
- Aerosol para cocinar de canola u otro aceite neutro
- 1 cucharada. copos de agar agar
- 1 tallo de apio pequeño, cortado en trozos
- ramita de 2" de romero fresco
- 1 hoja de laurel
- 1/2 cucharadita granos de pimienta negra entera
- 1/4 cucharadita bayas enteras de pimienta de Jamaica
- 2 ramitas de perejil italiano de hoja plana
- Sal de mesa, al gusto
- 2 tazas de guisantes verdes
- 1/4 taza crema espesa
- 2 cucharadas de queso brie
- Pimienta de cayena, al gusto
- Pimienta al gusto
- Micro greens o hojas de apio, para decorar

CHAPAS DE PROSCIUTTO:
- 4 lonchas finas de prosciutto de parma

PANNA COTTA DE GUISANTES VERDES:
a) Precaliente el horno a 400º F con una rejilla en el centro. Cubra una bandeja para hornear con borde con papel de aluminio. Cubra ligeramente las tazas de un molde para panecillos pequeños de 12 tazas con aceite en aerosol y reserve.

b) Combine 1-3/4 tazas de agua, agar agar, apio, romero, laurel, granos de pimienta, bayas de pimienta de Jamaica, perejil y 1/4 de cucharadita de sal de mesa en una cacerola pequeña. Llevar a fuego lento a fuego alto, raspando el fondo de la sartén de vez en cuando, luego reduzca el fuego a bajo. Continúe raspando el fondo de la cacerola de vez en cuando, ya que al agar agar le gusta asentarse, hasta que parezca disuelto, unos 6-8 minutos.

c) Agregue los guisantes a una licuadora y haga puré. Cuele el caldo de agar agar a través de un colador de malla fina en la licuadora. Agregue crema espesa, queso brie, una pizca o dos de cayena y agua adicional para llevar el volumen justo por encima de 2 tazas.

d) Mezcle hasta que quede suave, raspando los lados de la licuadora según sea necesario. Pruebe y ajuste el condimento con sal, pimienta blanca y cayena adicional si lo desea, mezcle brevemente para incorporar completamente. Distribuya uniformemente la mezcla entre los 12 moldes para muffins preparados.

e) Golpee la sartén varias veces para que se asiente y ayude a eliminar las burbujas de aire que se hayan formado. Deje reposar durante aproximadamente una hora para que el agar agar se asiente.

f) A la hora de servir, pase un cuchillo delgado por el borde de la panna cotta y luego saque cada uno.

CHAPAS DE PROSCIUTTO:

g) Precaliente el horno a 250° F.

h) Con un cortador redondo de 1 pulgada, corte círculos de jamón. Coloque en una bandeja para hornear con papel pergamino y hornee de 10 a 15 minutos hasta que estén crujientes. Reserva para decorar.

ASAMBLEA:

i) Colocar la panna cotta en una bandeja.

j) Coloque un disco de prosciutto sobre el alioli.

k) Adorne con micro verduras o hojas de apio.

80. Helado de lima con semillas de chía

INGREDIENTES:
- Ralladura rallada y jugo de 4 limas
- ¾ taza de azúcar
- tazas mitad y mitad
- yemas de huevo grande
- 1¼ tazas de crema espesa
- ⅔ taza de semillas de chía

INSTRUCCIONES:
a) En un procesador de alimentos, triture la ralladura de lima y el azúcar unas 5 veces para extraer los aceites de la ralladura. Pasar el azúcar de lima a un bol.
b) Llene parcialmente un tazón grande con hielo y agua, coloque un tazón mediano en el agua helada y coloque un colador de malla fina en la parte superior.
c) En una cacerola, combine ½ taza de azúcar de lima y la mitad y mitad. Llevar a fuego lento a fuego medio, revolviendo para disolver el azúcar.
d) Mientras tanto, agregue las yemas de huevo al azúcar de lima restante en el tazón y mezcle para combinar.
e) Poco a poco vierta aproximadamente la mitad de la mezcla caliente mitad y mitad en las yemas mientras bate continuamente, luego mezcle esta mezcla en la mitad y mitad en la cacerola.
f) Cocine, revolviendo continuamente, hasta que la crema esté lo suficientemente espesa como para cubrir el dorso de la cuchara, aproximadamente 5 minutos.
g) Vierta la crema a través del colador en el tazón preparado y revuelva hasta que se enfríe.
h) Agregue el jugo de lima, la crema y las semillas de chía. Retire el tazón del baño de hielo, cubra y refrigere hasta que la crema esté fría, al menos 2 horas o hasta 4 horas.
i) Congele y bata en una máquina para hacer helados de acuerdo con las instrucciones del fabricante. Para una consistencia suave, sirva el helado de inmediato; para una consistencia más firme, transfiéralo a un recipiente, cubra y deje endurecer en el congelador durante 2 a 3 horas.

81. Tarta helada de chocolate y cerezas

INGREDIENTES:

- 1 taza (2 barras) de mantequilla sin sal
- 1 taza de azúcar superfina
- 1 cucharadita extracto puro de vainilla
- 4 huevos batidos
- 2 tazas menos 1 cucharada colmada. harina para todo uso
- 1 cucharada colmada cacao en polvo sin azúcar
- 1 ½ cucharadita Levadura en polvo
- 4 tazas de cerezas sin hueso y picadas
- ½ taza de jugo de arándano
- 3 cucharadas azúcar moreno claro
- ½ recetahelado de vainilla de lujo
- 1 taza de crema espesa, suavemente batida
- unas cerezas para cubrir
- rizos de chocolate

INSTRUCCIONES:

a) Precaliente el horno a 350°F (180°C). Engrase ligeramente un molde de resorte de 7 pulgadas o un molde para pastel profundo de fondo suelto. Bate la mantequilla, el azúcar y la vainilla hasta que estén pálidos y cremosos.

b) Bata suavemente la mitad de los huevos, luego incorpore gradualmente los ingredientes secos, alternando con el resto de los huevos, hasta que estén bien mezclados. Vierta en el molde para pasteles preparado, aplane la parte superior y hornee durante 35 a 40 minutos hasta que esté firme al tacto.

c) Deje enfriar en la sartén, luego retírelo, envuélvalo en papel aluminio y refrigere hasta que esté muy frío, para facilitar el corte.

d) Ponga las cerezas en una cacerola pequeña con el jugo de arándanos y el azúcar moreno. Cocine a fuego moderado hasta que estén tiernos. Deje enfriar, luego refrigere hasta que esté realmente frío. Prepara el helado de vainilla hasta que alcance una consistencia que se pueda comer con cuchara.

e) Con un cuchillo largo, corta el pastel en tres capas iguales. Coloque una capa en el molde para pastel de 7 pulgadas y cubra con la mitad de las cerezas y un tercio de su jugo. Cubrir con una capa de helado y luego con la segunda capa de bizcocho. Agregue el resto de las cerezas pero no todo el jugo (use el resto del jugo para humedecer la parte inferior de la tercera capa de pastel).

f) Cubrir con el resto del helado y la última capa de bizcocho.

g) Presione bien, cubra con una envoltura de plástico y congele durante la noche. (Si lo desea, el pastel se puede almacenar en el congelador hasta por 1 mes).

82. bomba de chocolate

INGREDIENTES:
- ½ recetahelado de chocolate amargo
- ½ taza de crema para batir
- 1 clara de huevo pequeña
- ⅛ taza de azúcar superfina
- 4 onzas. frambuesas frescas, trituradas y coladas
- 1 recetaSalsa de frambuesas

INSTRUCCIONES:

a) En el congelador, enfríe un molde de bombe o un tazón de metal de 3 ½ a 4 tazas. Prepara el helado. Cuando tenga una consistencia untable, coloque el molde en un recipiente con hielo. Cubra el interior del molde con helado, asegurándose de que sea una capa gruesa y uniforme. Alise la parte superior. Coloque el molde inmediatamente en el congelador y congele hasta que esté realmente firme.

b) Mientras tanto, montar la nata a punto de nieve. En un recipiente aparte, bata la clara de huevo hasta que forme picos suaves, luego mezcle suavemente el azúcar hasta que esté brillante y firme. Mezcle la crema batida, la clara de huevo y las frambuesas coladas, y enfríe. Cuando el hielo de chocolate esté realmente firme, coloca la mezcla de frambuesas en el centro de la bomba.

c) Alise la parte superior, cubra con papel encerado o papel de aluminio y congele durante al menos 2 horas.

d) Aproximadamente 20 minutos antes de servir, retire la bombe del congelador, empuje un palillo fino por el centro para liberar el bloqueo de aire y pase un cuchillo por el borde interior superior. Invierta en un plato enfriado y limpie brevemente la sartén con un paño caliente. Apriete o agite la sartén una o dos veces para ver si la bomba se sale; si no, límpielo nuevamente con un paño caliente. Cuando se salga, es posible que deba limpiar la superficie superior con una espátula pequeña y luego volver al congelador inmediatamente durante al menos 20 minutos para reafirmar nuevamente.

e) Servir, cortado en rodajas, con la salsa de frambuesa. Esta bomba se mantendrá de 3 a 4 semanas en su molde en el congelador.

83. Alaska horneada con piña

INGREDIENTES:
- 1 6 a 8 oz. pedazo de pastel de jengibre comprado en la tienda
- 6 rebanadas de piña madura y pelada
- 3 tazashelado de tutti frutti, ablandamiento
- 3 claras de huevo grandes
- ¾ taza de azúcar superfina
- unos trocitos de piña fresca, para decorar

INSTRUCCIONES:
a) Corta el pastel en 2 pedazos gruesos y colócalos en un cuadrado o en un círculo sobre una hoja de papel protector reutilizable en un molde para hornear, para que puedas transferirlo fácilmente a un plato para servir más tarde.
b) Corta las 6 rebanadas de piña en triángulos o cuartos, sobre el pastel para atrapar las gotas. Coloque los trozos de piña encima del pastel y luego cubra con el helado. Inmediatamente coloque la bandeja en el congelador para volver a congelar el helado, si se ha ablandado demasiado.
c) Mientras tanto, bata las claras de huevo hasta que estén muy rígidas, luego agregue el azúcar gradualmente hasta que la mezcla se vuelva rígida y brillante.
d) Extienda la mezcla de merengue uniformemente por todo el helado y regrese al congelador. Esto se puede congelar durante un par de días, si lo desea.
e) Cuando esté listo para servir, caliente el horno a 450 °F (230 °C). Coloque la bandeja para hornear en el horno caliente durante solo 5 a 7 minutos, o hasta que se dore por completo.
f) Transfiera a un plato para servir y sirva de inmediato, decorado con algunos trozos de piña fresca.

84. Paletas de helado bañadas en chocolate

INGREDIENTES:
- 1 recetahelado de vainilla de lujo
- 1 recetasalsa de chocolate
- nueces picadas finamente o chispas

INSTRUCCIONES:

a) Hacer el helado en bolas de varios tamaños. Colóquelos inmediatamente sobre papel encerado y vuelva a congelarlos completamente.

b) Prepare la salsa de chocolate y luego déjela en un lugar fresco (no frío) hasta que se enfríe pero no espese.

c) Cubre varias charolas con papel encerado. Empuje un palito de paleta en el centro de una bola de helado y sumérjalo en el chocolate para cubrirlo por completo. Sosténgalo sobre el tazón de chocolate hasta que termine de gotear y luego colóquelo sobre el papel encerado limpio.

d) Espolvorea con nueces o chispas de colores si lo deseas. Pon los helados en el congelador y déjalos hasta que estén bien duros (varias horas). Aunque se conservarán durante varias semanas, dependiendo de la variedad de helado que se utilice, es mejor comerlos lo antes posible.

e) Rinde de 6 a 8 (más si usa una cucharada muy pequeña)

85. capuchino frappé

Hace: 6

INGREDIENTES:
- 4 cucharadas licor de cafe
- ½ receta de helado de café
- 4 cucharadas Ron
- ½ taza de crema espesa, batida
- 1 cucharada. cacao en polvo sin azúcar, tamizado

INSTRUCCIONES:
a) Vierta el licor en la base de 6 vasos o copas resistentes al congelador y enfríe bien o congele.
b) Prepara el helado como se indica hasta que esté parcialmente congelado. Luego mezcle el ron con una batidora eléctrica hasta que esté espumoso, vierta inmediatamente sobre el licor helado y vuelva a congelar hasta que esté firme pero no duro.
c) Vierta la nata montada sobre el helado.
d) Espolvorea generosamente con cacao en polvo y regresa al congelador por unos minutos hasta que estés absolutamente listo para servir.

86. Higos escalfados en vino tinto especiado con helado

Rinde: 2 porciones

INGREDIENTES:
- 1½ taza de vino tinto seco
- 1 cucharada de Azúcar (1-2T), al gusto
- 1 rama de canela
- 3 clavos enteros
- 3 higos frescos enteros, en cuartos
- Helado de vainilla como acompañamiento
- Ramitas de menta para decorar, si lo desea

INSTRUCCIONES:
a) En una cacerola combine el vino, el azúcar, la canela y los clavos.
b) Lleve el líquido a ebullición a fuego moderadamente alto, revolviendo y cocine a fuego lento la mezcla durante 5 minutos. Agregue los higos y cocine a fuego lento hasta que los higos estén completamente calientes. Dejar enfriar para calentar.
c) Coloque las bolas de helado en dos copas con pie y cubra con los higos y un poco del líquido de escalfado. Adorne con menta si lo desea.

87. Pastel helado de merengue de piña colada

Rinde: 6 porciones

INGREDIENTES:
- ½ taza de piña deshidratada
- 20 g de chocolate negro (70%)
- 100 g de merengue preparado
- 1 ¼ tazas de crema espesa
- 2-4 cucharadas de ron de coco Malibu
- Menta fresca o coco rallado tostado, para decorar

INSTRUCCIONES:
a) Forre un molde para pan de 13 x 23 cm con film transparente. Asegúrese de dejar varios cm de plástico que sobresalgan por los lados.
b) Picar la piña para que ningún trozo sea más grande que una pasa. Haz lo mismo con el chocolate.
c) Rompe el merengue en un crumble. Trate de hacer esto rápidamente porque el merengue recogerá la humedad del aire y se volverá pegajoso.
d) En un tazón grande, bata la crema espesa hasta obtener picos suaves. Agregue el Malibu, luego vuelva a batir durante unos segundos hasta que regresen los picos suaves.
e) Agregue la piña y el chocolate al tazón y dóblelos suavemente en la crema. Agrega el merengue y vuelve a doblar suavemente. Vierte todo en el molde para pan y dale un par de golpes suaves contra el mostrador para que el contenido se asiente y se distribuya. Dobla el plástico que sobresale sobre la parte superior del pastel, luego envuelve la lata en otra capa de envoltura de plástico. Ponga el pastel en el congelador durante la noche.
f) Para servir, use el plástico que sobresale para sacar el pastel de la lata. Cortar y cubrir con ramitas de menta, o mejor aún, una pizca de coco rallado tostado. Es un pastel de crema suave, así que devora inmediatamente.

88. Pastel de helado de merengue de fresa

Rinde: 8 porciones

INGREDIENTES:
- merengue italiano
- 4 claras de huevo frescas
- 1 ½ taza de azúcar blanca
- ¼ taza de agua
- 1 cucharada de glucosa líquida o jarabe de maíz ligero
- fresas
- 3 tazas de fresas, lavadas, secas y sin cáscara
- 1 cucharada de azúcar glas/de repostería
- 1 cucharada de azúcar blanca
- crema
- ¾ taza de crema doble/pesada

INSTRUCCIONES:
a) Para hacer el merengue italiano, ponga el azúcar, el agua y la glucosa/jarabe de maíz en una olla mediana grande. Poner los huevos en el bol (escrupulosamente limpio) de una batidora de pie.
b) Ajuste el fuego debajo de la olla a medio alto, hierva la mezcla de azúcar, girando la olla para mover el azúcar una vez que se disuelva.
c) Use un termómetro de azúcar para verificar la temperatura del almíbar hirviendo. ¡Tenga cuidado con el azúcar caliente! Cuando la temperatura alcance los 100 ° C, comience a batir en la batidora de pie a alto.
d) Cuando el azúcar alcance los 116 °C (o la etapa de "bola blanda"), retira el almíbar del fuego y viértelo lentamente en las claras de huevo esponjosas, manteniendo la batidora a velocidad media alta.
e) Una vez que se vierte todo el almíbar, baje la velocidad a baja y déjelo batiendo hasta que las claras de huevo se hayan enfriado, esto puede demorar hasta treinta minutos.

f) Mientras esto sucede, tome la mitad de las fresas y el azúcar glas y tritúrelos en un procesador de alimentos hasta que quede suave. Pásalas por un colador para quitarles las semillas y guárdalas en la nevera.

g) Tome la otra mitad de las fresas y córtelas en rodajas. Reserva las lonchas más bonitas para decorar tu tarta, añade el azúcar blanco al resto y deja macerar.

h) Ponga la crema en un tazón grande y bátala hasta obtener la consistencia de un helado suave (piense en sundaes o Mr Whippy, en el Reino Unido)

i) Tome una lata de pan que contenga al menos seis tazas, es posible que necesite otro recipiente ya que esta mezcla puede valer hasta diez tazas … humedézcalo con un poco de agua, sacuda el exceso y cúbralo con una envoltura de plástico.

j) Coloque las rebanadas de fresa reservadas en un patrón en el fondo de su molde para pan forrado.

k) Coger la nata y verterla en el merengue, junto con el puré de fresas y las fresas troceadas. Dobla todo junto suavemente con una cuchara de comida, hasta que quede ondulado.

l) Vierta la mezcla en la lata preparada, cualquier extra se puede verter en otro recipiente forrado. La parte superior de la torta principal se puede alisar arrastrando una espátula, como un albañil alisa el cemento en una pared de ladrillos. Haz esto sobre el otro recipiente para recoger el exceso de mezcla.

m) Cubra con una envoltura de plástico y congele hasta que cuaje. Esto tomará al menos 7-8 horas, pero se puede dejar toda la noche para que se reafirme por completo.

n) Retire del congelador 10 minutos antes de servir, tire de la envoltura de plástico, gire sobre un plato para servir, retire la envoltura de plástico y use un cuchillo de pan empapado en agua caliente para cortar rebanadas.

89. Helado de Toblerone

INGREDIENTES:
- 24 onzas de leche entera
- 2.7 onzas de azúcar moreno
- 3 cucharadas de almidón de maíz
- 2 cucharadas de cacao en polvo
- 1 ½ cucharadas de miel
- ¾ cucharadita de sal kosher
- 2 onzas de queso crema ablandado
- Tres barras de 3.5 onzas de Toblerone oscuro, picadas en trozos pequeños
- 1 cucharada de vainilla
- 1 ½ cucharaditas de Amaretto
- 1 barra de Toblerone, picada en trozos pequeños

INSTRUCCIONES:

a) En una cacerola de fondo grueso, mezcle la leche, el azúcar, el almidón de maíz, el cacao en polvo, la miel y la sal. Caliente a fuego medio a medio-alto, revolviendo constantemente, hasta que la mezcla hierva.

b) Deje que la base hierva durante 10-15 segundos y luego vierta en un tazón con el queso crema y 3 barras de Toblerone picado. Agregue la vainilla y el amaretto, y deje reposar por un minuto para derretir el queso y el chocolate.

c) Batir la base hasta que el chocolate y el queso se derritan. La base tendrá pequeños trozos de almendra.

d) Vierta la base en su licuadora y mezcle hasta que quede suave.

e) Cuele la base en un tazón de metal colocado dentro de un tazón más grande lleno de agua helada.

f) Revuelva ocasionalmente hasta que la temperatura no supere los 40F.

g) Agite su base de acuerdo con las INSTRUCCIONES del fabricante:. Cuando el helado tenga una consistencia blanda sírvelo. agregue la última barra de chocolate finamente picado y bata 2 minutos más hasta que el dulce se distribuya uniformemente.

h) Envasar en un recipiente. Presione la envoltura de plástico directamente sobre la superficie del helado y congele de 4 a 6 horas o toda la noche.

90. **Helado de nutella de chocolate**

Rinde: 3 porciones

INGREDIENTES:
- ⅓ taza de crema espesa
- 1 ⅓ tazas de leche al 2 %
- ½ taza de azúcar granulada
- 2 cucharadas de Nutella
- 2-3 cucharadas de mini chispas de chocolate negro

INSTRUCCIONES:
a) En un tazón mediano a grande, agregue la crema, la leche y el azúcar, bata a velocidad media durante 20 segundos, luego vierta en su heladera.

b) Cuando el helado esté casi listo, agregue Nutella y chispas de chocolate, continúe con la máquina para hacer helados hasta alcanzar la cremosidad deseada.

91. helado de cereza

Hace: 1

INGREDIENTES:
- 2 tazas de leche entera
- 5 yemas de huevo
- 1 taza de azúcar
- 1 taza de crema espesa
- 1 cucharadita de vainilla
- 2 cucharaditas de naranja rallada
- 1 libra de cerezas sin hueso

INSTRUCCIONES:
a) Bate las yemas de huevo y el azúcar en una cacerola mediana hasta que el azúcar se disuelva. Agregue la leche, la naranja rallada y la crema y mezcle hasta que se combinen.
b) Cocine a fuego medio, revolviendo constantemente durante 8 a 10 minutos hasta que espese.
c) Alejar del calor.
d) Agregue las cerezas y procese hasta que estén bien mezcladas en un procesador de alimentos. Agregue las cerezas mezcladas y la vainilla. Vierta a través de un colador fino en un recipiente de plástico. Cubra y refrigere durante la noche.
e) Pase la mezcla por una máquina para hacer helados siguiendo las instrucciones del fabricante.
f) Congelar hasta que esté listo para servir.

92. Helado de mora

Hace: 1

INGREDIENTES:
- 2 tazas de leche entera
- 4 yemas de huevo
- 1 taza de azúcar
- ½ taza de crema espesa
- ½ cucharadita de sal
- 2 tazas de moras

INSTRUCCIONES:
a) Pase las moras por un colador de malla fina colocado sobre un tazón para mezclar. Use el dorso de una cuchara para empujar la pulpa a través del colador para eliminar el jugo y la pulpa sin usar ninguna de las semillas. Dejar de lado.
b) Batir las yemas de huevo y el azúcar en una cacerola mediana y calentar hasta que el azúcar se disuelva. Agregue la leche, la sal y la crema y bata hasta que se combinen.
c) Cocine a fuego medio, revolviendo constantemente durante 8 a 10 minutos hasta que espese.
d) Alejar del calor.
e) Agregue el jugo de mora y la pulpa. Vierta a través de un colador fino en un recipiente de plástico. Cubra y refrigere durante la noche.
f) Pase la mezcla por una máquina para hacer helados siguiendo las instrucciones del fabricante.
g) Congelar hasta que esté listo para servir.

93. helado de frambuesa

Hace: 1

INGREDIENTES:
- 2 tazas de leche entera
- 4 yemas de huevo
- 1 ¼ taza de azúcar
- 1 taza de crema espesa
- 1 cucharadita de sal
- 2 tazas de frambuesas

INSTRUCCIONES:
a) Pasar las frambuesas por un colador (preferiblemente de malla) colocado sobre un bol para mezclar. A continuación, pasa por un colador para eliminar el jugo tomando el dorso de una cuchara y presionando hacia abajo. Esto dejará la pulpa sin usar ninguna de las semillas. Dejar de lado.
b) En una cacerola mediana, mezcle las yemas de huevo solamente y el azúcar batiéndolas y derrita el azúcar sobrecalentando hasta que esté bien disuelto. Agregue la leche, la sal y la crema y bata hasta que se combinen.
c) Cocine a fuego medio, revolviendo constantemente durante 8 a 10 minutos hasta que espese.
d) Alejar del calor.
e) Agregue el jugo de frambuesa y la pulpa. Vierta a través de un colador fino en un recipiente de plástico. Cubra y refrigere durante la noche.
f) Pase la mezcla por una máquina para hacer helados siguiendo las instrucciones del fabricante.
g) Congelar hasta que esté listo para servir.

94. Helado de arándanos

Hace: 1

INGREDIENTES:
- 2 tazas de leche entera
- 5 yemas de huevo
- 1 taza de azúcar
- ½ taza de crema espesa
- 1 cucharadita de sal
- 2 tazas de arándanos
- 1 ½ cucharadita de jugo de limón

INSTRUCCIONES:
a) Batir las yemas de huevo y el azúcar en una cacerola mediana y calentar hasta que el azúcar se disuelva. Agregue la leche, la sal y la crema y bata hasta que se combinen.
b) Cocine a fuego medio, revolviendo constantemente durante 8 a 10 minutos hasta que espese.
c) Retire del fuego.
d) Coloque los arándanos y el jugo de limón en el procesador de alimentos y procese hasta que se mezclen. Revuelva la mezcla de arándanos y limón en el líquido. Vierta a través de un colador fino en un recipiente de plástico. Cubra y refrigere durante la noche.
e) Pase la mezcla por una máquina para hacer helados siguiendo las instrucciones del fabricante.
f) Congelar hasta que esté listo para servir.

95. helado de mango

Hace: 1

INGREDIENTES:
- 2 tazas de leche entera
- 4 yemas de huevo
- 1 taza de azúcar
- 1 taza de crema espesa
- 1 cucharadita de sal
- 2 tazas de puré de mango
- 1 ½ cucharada de maicena

INSTRUCCIONES:
a) Batir las yemas de huevo y el azúcar en una cacerola mediana y calentar hasta que el azúcar se disuelva. Agregue la leche, la sal y la crema y bata hasta que se combinen.
b) Cocine a fuego medio, revolviendo constantemente durante 8 a 10 minutos hasta que espese.
c) Alejar del calor.
d) Coloque los mangos y la maicena en el procesador de alimentos y procese hasta que se mezclen. Revuelva la mezcla de mango en el líquido. Vierta a través de un colador fino en un recipiente de plástico. Cubra y refrigere durante la noche.
e) Pase la mezcla por una máquina para hacer helados siguiendo las instrucciones del fabricante.
f) Congelar hasta que esté listo para servir.

96. Helado de mantequilla de maní

Hace: 1

INGREDIENTES:
- 2 tazas de leche entera
- 5 yemas de huevo
- ⅔ taza de azúcar
- 1 ½ tazas de crema espesa
- 1 cucharadita de sal
- 1 cucharadita de vainilla
- ⅔ taza de mantequilla de maní

:

INSTRUCCIONES:
a) Batir las yemas de huevo y el azúcar en una cacerola mediana y calentar hasta que el azúcar se disuelva. Agregue la leche, la sal y la crema y bata hasta que se combinen.
b) Cocine a fuego medio, revolviendo constantemente durante 8 a 10 minutos hasta que espese.
c) Alejar del calor.
d) Revuelva la mantequilla de maní y la vainilla en el líquido. Vierta a través de un colador fino en un recipiente de plástico. Cubra y refrigere durante la noche.
e) Pase la mezcla por una máquina para hacer helados siguiendo las INSTRUCCIONES del fabricante:.
f) Congelar hasta que esté listo para servir.

97. helado de avellana

Hace: 1

INGREDIENTES:
- 2 tazas de leche entera
- 5 yemas de huevo
- ⅓ taza de azúcar
- 1 ½ taza de crema espesa
- 1 cucharadita de sal
- 1 cucharadita de vainilla
- 1 taza de avellanas tostadas

INSTRUCCIONES:
a) Batir las yemas de huevo y el azúcar en una cacerola mediana y calentar hasta que el azúcar se disuelva. Agregue la leche, la sal y la crema y bata hasta que se combinen.
b) Cocine a fuego medio, revolviendo constantemente durante 8 a 10 minutos hasta que espese.
c) Alejar del calor.
d) Ponga las avellanas tostadas en un procesador de alimentos y pulse. Revuelva la avellana y la vainilla en el líquido. Vierta a través de un colador fino en un recipiente de plástico. Cubra y refrigere durante la noche.
e) Pase la mezcla por una máquina para hacer helados siguiendo las instrucciones del fabricante.
f) Congelar hasta que esté listo para servir.

98. Helado de bayas mixtas

Hace: 1

INGREDIENTES:
- 2 tazas de leche entera
- 4 yemas de huevo
- ½ taza de azúcar
- 1 taza de crema espesa
- 1 cucharadita de sal
- 1 cucharadita de vainilla
- ½ taza de arándanos
- ½ taza de frambuesas

INSTRUCCIONES:
a) Pasar las frambuesas por un colador (preferiblemente de malla) colocado sobre un bol para mezclar. Use el dorso de una cuchara para empujar la pulpa a través del colador para eliminar el jugo y la pulpa sin usar ninguna de las semillas. Dejar de lado.
b) 2 Batir las yemas de huevo y el azúcar en una cacerola mediana y calentar hasta que el azúcar se disuelva. Agregue la leche, la sal y la crema y bata hasta que se combinen.
c) Cocine a fuego medio, revolviendo constantemente durante 8 a 10 minutos hasta que espese.
d) Retire del fuego.
e) Ponga la vainilla, los arándanos y el jugo y la pulpa de frambuesa en un procesador de alimentos y pulse hasta que se mezclen. Revuelva la mezcla de bayas y vainilla en el líquido. Vierta a través de un colador fino en un recipiente de plástico. Cubra y refrigere durante la noche.
f) Pase la mezcla por una máquina para hacer helados siguiendo las **INSTRUCCIONES** del fabricante:.
g) Congelar hasta que esté listo para servir.

99. helado de coco

Hace: 1

INGREDIENTES:
- 5 yemas de huevo
- 2 tazas de leche de coco
- 1 taza de azúcar
- 1 taza de crema espesa
- 1 cucharadita de sal
- 1 cucharadita de vainilla
- agua de coco de un coco fresco
- ½ taza de coco endulzado rallado

INSTRUCCIONES:
a) Batir las yemas de huevo, el agua de coco del coco fresco y el azúcar en una cacerola mediana y calentar hasta que el azúcar se disuelva. Agregue la leche de coco, la sal y la crema y mezcle hasta que se combinen.
b) Cocine a fuego medio, revolviendo constantemente durante 8 a 10 minutos hasta que espese.
c) Retire del fuego.
d) Revuelva las hojuelas de coco y la mezcla de vainilla en el líquido. Vierta a través de un colador fino en un recipiente de plástico. Cubra y refrigere durante la noche.
e) Pase la mezcla por una máquina para hacer helados siguiendo las instrucciones del fabricante.
f) Congelar hasta que esté listo para servir.

100. helado de calabaza

Hace: 1

INGREDIENTES:
- 2 tazas de leche entera
- 4 yemas de huevo
- 1 taza de azúcar
- 1 taza de crema espesa
- 1 cucharadita de sal
- 1 cucharadita de vainilla
- 1 taza de puré de calabaza
- 1 cucharadita de canela
- ¼ taza de azúcar moreno

INSTRUCCIONES:
a) Batir las yemas de huevo y el azúcar en una cacerola mediana y calentar hasta que el azúcar se disuelva. Agregue la leche, la sal y la crema y bata hasta que se combinen.
b) Cocine a fuego medio, revolviendo constantemente durante 8 a 10 minutos hasta que espese.
c) Retire del fuego.
d) Bate el azúcar moreno, la canela, el puré de calabaza y la vainilla, luego revuélvelos en el líquido. Vierta a través de un colador fino en un recipiente de plástico. Cubra y refrigere durante la noche.
e) Pase la mezcla por una máquina para hacer helados siguiendo las instrucciones del fabricante.
f) Congelar hasta que esté listo para servir.

CONCLUSIÓN

A todos nos encantan los postres italianos. Quizás esto se deba a su historia temprana de no tener acceso regular al azúcar y usar mucho menos azúcar en sus recetas que los cocineros estadounidenses. Son todos los ingredientes frescos, como la crema y el queso, los que hacen que los postres italianos sean tan deliciosos.

Ingram Content Group UK Ltd.
Milton Keynes UK
UKHW020624210623
423802UK00010B/82